나만의 콘텐츠로
원하는 회사
바로 간다

나만의 콘텐츠로
원하는 회사 바로 간다

초판 1쇄 발행 | 2015년 9월 1일

지 은 이 | 이재호
발 행 인 | 김영희
기　　획 | 신현숙, 하순영
편집·마케팅 | 권두리
디 자 인 | 한동귀
발 행 처 | (주)에프케이아이미디어(프리이코노미북스)
등록번호 | 13–860호
주　　소 | 150–881 서울특별시 영등포구 여의대로 24 FKI타워 44층
전　　화 | 출판콘텐츠팀 | 02–3771–0434 영업팀 | 02–3771–0245
홈페이지 | www.fkimedia.co.kr
팩　　스 | 02–3771–0138
E – mail | drkwon@fkimedia.co.kr
I S B N | 978–89–6374–123–9　13320
정　　가 | 1만 4,000원

이 도서의 국립중앙도서관 출판예정도서목록(CIP)은 서지정보유통지원시스템 홈페이지(http://seoji.nl.go.kr)와
국가자료공동목록시스템(http://www.nl.go.kr/kolisnet)에서 이용하실 수 있습니다.(CIP제어번호: CIP2015021124)

프리이코노미북스

취업의 본질은
'내가 될 이유'를 찾는 것이다

기업은 진정성 있는 지원자를 뽑는다

대학생들의 취업 멘토링을 해오면서 여러 멘티들을 만나고 있다. 멘티들은 전공도 그리고 각자마다 쌓아온 스펙도 다양하다. 하지만 이들이 공통적으로 해결하지 못하고 고민하는 부분이 있다. 자기만의 콘텐츠가 없거나 빈약하다는 것이다. 스토리를 만들라는 말은 수없이 듣는다. 그러나 스토리를 만들려 해도 무슨 내용이 있어야 할 것 아닌가. 자신이 어떤 사람인지, 다른 사람과는 어떻게 다른지, 무엇을 잘해낼 수 있는지, 어떤 비전을 갖고 사는 사람인지, 지원하기 위해 어떤 노력을 해왔는지, 어떤 역경과 성취의 좌표들을 갖고 있는지 등등.

기업의 입장에서 살펴보면 보다 명쾌해진다. 지원자가 자신들의 회사를 진짜 좋아해서 지원했는지 아니면 그냥 좋아 보여서 지원했는지를 살펴본다고 생각하면 취업 준비를 어떻게 해야 할지 감을 잡을 수 있다. 이때 '고민의 흔적'이 나타나야 지원자의 진정성이 느껴지는 법이다. 그 고민의 흔적, 즉 '콘텐츠'가 있어야 왜 지원하게 되었는지 그리고 무엇을 어떻게 잘해낼 수 있는지에 대한 설득력을 지닐 수 있다.

낡은 자소서를 부수고 새롭게 써보자

많은 취업준비생들이 예상 문제가 이미 주어져 있음에도 불구하고 효과적인 준비법을 찾기보다는 자신의 머릿속에서만 해법을 찾고 있다. 학교 안팎에서 제공되는 여러 취업 교육 프로그램들을 잘 활용하면 분명 도움은 된다. 그런데 과연 이런 프로그램들이 남들과 차별화할 수 있는 '나만의 콘텐츠'를 만드는 데 얼마나 도움이 될지는 의문이다.

자소서 첨삭의 경우가 그렇다. 문맥을 분명하게 하고 근거를 보강해서 글의 완성도를 높이는 효과는 기대할 수 있다. 하지만 이미 만들어진 자소서의 프레임을 근본적으로 바꾸기는 어렵다. 나의 이야기를 기반으로 탄탄하게 다져진 콘텐츠가 주는 임팩트를 기대할 수 없다는 말이다. 노후화된 아파트에 인테리어 효과는 줄 수 있어도 그것이 완전히 리모델링되거나 신축된 건물에 필적할 수는 없는 것과 같다. 그러므로 제대로 된 방법을 알고 자소서나 면접 준비의 첫 단추를 꿰는 것이 중요하다.

시대에 따라 변화하는 기업의 인재상

이제 대량생산의 시대는 지났다. 우리 사회는 더 이상 전처럼 많은 인력을 필요로 하지 않는다. 지식과 정보를 꿰뚫어 보는 눈, 그리고 다양한 서비스 프레임을 통해 부가가치를 만들어낼 수 있는 자질과 능력을 갖춘 사람을 인재로 대접하는 사회다.

"자신이 가장 내세울 수 있는 장점은 무엇이라고 생각합니까"라는 면접관의 질문에 "누구와도 잘 어울릴 수 있는 친화력이라고 생각합니다"라고 답했다고 하자. 사실 이 대답은 지난 시대에 요구되었던 모범 답안이다. 모두가 함께 힘을 합쳐 주어진 시간 내에 최대의 생산을 해내야 했던 대량생산 시대에는 협동과 친화력이 최고의 덕목이었다. 컨베이어 벨트로 상징되는 대량생산 사회에서 직원들은 투입 대비 산출, 즉 생산성 측면에서 자질이 검증되고 평가되었다. 일단 회사가 시키면 무조건 열심히 해내야 하고, 동시에 주변 동료들과 끝까지 함께할 수 있는 정서적 유대감이 필요했던 것이다.

그래서 기업은 지원자가 엄격한 아버지와 자애로운 어머니 밑에서 자랐기를 바랐다. 우리의 선배들은 그 점을 잘 이해하고 있었기 때문에 자기소개서의 성장배경 항목에 어김없이 '회초리로 나를 바로잡아주신 아버지의 엄격함과 그런 나를 따스한 마음으로 어루만져주신 어머니'를 등장시켰던 것이다.

나만의 콘텐츠로 원하는 회사 바로 간다

질문은 같아도 모범 답안은 다르다

삼십 년 전이나 지금이나 자기소개서 질문 항목에는 큰 변화가 없다. 일부 기업을 중심으로 보다 디테일한 내용을 요구하거나 보다 많은 작성 분량을 요구하기도 하지만 자소서의 근본 뼈대는 성장과정, 장단점, 대내외 활동, 도전 및 성취 경험, 지원동기, 향후 포부 등으로 구성되어 있다.

문제는 몇 십 년 동안 질문은 그대로 유지되어 오고 있는데 시대는 완전히 달라져 있다는 사실이다. 어떻게 보면 질문 항목 자체가 함정이다. 성장과정을 적는 경우를 보자. 별다른 생각 없이 아버지와 어머니 관련 기억을 적다 보면 결국은 삼십 년 전 선배들이 작성했던 내용과 유사해질 수밖에 없다. 회초리 대신 엄한 꾸짖음 정도로 강도만 달라졌을 뿐이다.

성장과정이라는 질문 항목은 동일해도 지금 기업이 궁금한 내용은 전혀 다르다. 과연 집안 내력이 그리 듣고 싶겠는가? 만일 그런 회사가 있다면 높은 연봉을 제시하는 곳은 아닐 것이다. 대부분의 회사는 집안 이야기보다는 지원자의 내면적 성장과정은 어떠했는지, 그리고 거기에 부모님, 형제, 친구, 은사 등은 어떤 긍정적 역할을 끼쳤는지를 알고 싶어 한다. 그래서 그런 것들이 지원자의 직무능력에 어떻게 작용할지 가늠해보려는 것이다.

그런데 이런 요구에 모범 답안을 작성해내기란 쉽지 않다. 내면적 성장이 어떠했다는 것도 막상 작성해보면 결국은 뻔한 이야기가 되어버린다.

이런 어려움을 극복하고 취업 경쟁력을 높이고 싶다면 우선 할 일은 '나만의 콘텐츠'를 만드는 것이다.

면접관의 입장에서 바라본 취준생

이 책은 취업에도 체계적인 공부와 리서치가 필요하다는 신념에서 출발하였다. 많은 취준생들은 자신의 경쟁력이 어디에서 비롯되고 어떻게 강조할 수 있는지 그리고 입사하려는 기업이 나의 어떤 스토리에 흥미를 보일지에 대한 감이 없다.

별것은 아니지만 나는 한때 대학생 입사 선호도 1위를 기록했던 금융회사에서 8년간 임원으로 일했다. 한 대기업 경제연구소에서 이코노미스트로 사회생활의 첫발을 내디뎠고, 이후 증권회사로 옮겨서는 투자전략 담당 스트래티지스트와 기업분석 애널리스트 경력을 거친 뒤, 지점 영업을 총괄하는 영업본부장, VIP 고객 자산운용컨설팅본부장직을 맡았다. 무엇보다 이 과정에서 책임자로서 일을 하다 보니 자연스럽게 신입사원 채용 면접관으로 참여할 기회가 종종 있었다. 이 책은 이런 경험에서 얻은 나의 생각과 관점, 지식들을 일반적인 내용보다는 구체적인 방법론으로 쉽고 재미있게 읽을 수 있도록 코칭 형태로 정리한 것이다.

더 많은 취업 승전보가 쌓이길 기대하며

나는 그동안 인연이 닿았던 많은 멘티들이 나의 조언을 통해 자신만의 콘텐츠를 만들어 취업에 성공하는 것을 지켜보았다. 출신대학, 전공, 경험의 수준과 학점, 어학점수 등 그 무엇에도 관계없이, 대한민국의 모든 취준생들이 자기만의 콘텐츠로 치열한 취업전쟁에서 한 방에 역전할 수 있도록 만들어주고 싶다.

한 방이라고 해서 절대 요행은 아니다. 무엇을 했다는 것만 잔뜩 기술해둔 채 인사담당자의 긍정적인 평가를 기대하는 것이야말로 요행을 바라는 것이다. 취업을 하려면 내가 왜 뽑혀야 하는지 그 이유를 스스로 제시할 줄 알아야 한다. 자신이 될 이유를 찾는 일이 바로 '나만의 콘텐츠'를 구축하는 일이자 취업 준비의 본질이다. 여러분은 아직도 본인의 활동과 경험, 스펙들을 잘 정리하여 제출하고는 인사담당자의 판단을 기다리고 있지는 않은가?

나의 작은 소망은 '이 책 덕분에 취업에 성공할 수 있었다'는 말을 자주 듣고 싶다는 것이다. 취업을 앞두면 누구나 막막한 마음이겠지만, 이 책을 취업 교과서 삼아 정독하고 이를 통해 얻어진 재료들을 가지고 자신만의 콘텐츠를 만들어보길 바란다. 그것이 여러분들의 취업에 큰 힘이 될 거라 믿는다.

목차

프롤로그 · 4

1장 나만의 콘텐츠로 싸워라 · 13

자기소개가 아닌 '나'라는 상품을 홍보하라 · 14
뻔한 장점에는 문제의식을 더하라 · 18
인간적인 매력이 있는 지원자에 끌린다 · 25
친구와 수다를 떠는 것처럼 말하라 · 29
지식과 정보로 회사에 대한 애정도를 높여라 · 33
잘난 사람이 아니라 잘 맞는 사람이 된다 · 41
우는 놈 떡 하나 더 준다 · 45
무한 변신이 가능한 나의 전공 · 49

2장 남과 다른 나를 뽐내라 · 55

세상에 똑같은 성장과정은 없다 · 56
그래서 뭘 했는지 써라 · 63
나만의 관점으로 같은 것도 다르게 포장하라 · 66
사소한 일상을 회사생활로 연결하라 · 72
우연히 얻은 경험이면 더 좋다 · 79
가볍고, 얇고, 짧고, 작은 경험으로 승부하라 · 86

3장 평범함을 최고의 무기로 만들어라 · 93

합격은 영업 마인드에서 시작된다 · 94
나의 장단점이 모두 직무역량 · 99
현장감을 살려라 · 107
질문의 의도와 평가 기준에 신경 써라 · 113
잘한 일은 제대로 티를 내라 · 119

4장 지식과 정보로 예비 직장인이 되어라 • 129

검색에 사색을 덧붙여라 • **130**
신문과 잡지에서 이야깃거리를 구하라 • **136**
활용 가치가 높은 자료를 골라라 • **143**
직장인을 위한 자기계발서와 친해져라 • **151**
지원동기는 주도면밀해야 한다 • **158**

5장 적을 알고 나를 알아야 이긴다 • 163

산업편 » 업을 이해하면 기업이 보인다 • **166**
시장편 » 시장은 먹거리의 보고다 • **175**
고객편 » 고객의 마음이 회사의 마음이다 • **187**
이슈편 » 컨템포러리에 승부수가 있다 • **196**
기업역량편 » 기업의 힘, 그 원천을 찾아라 • **205**

부록 기업분석을 활용한 직무에세이 사례 • **221**
아모레퍼시픽 마케팅 지원 직무에세이 • **224**
현대차 국내영업 지원 직무에세이 • **234**
신한은행 일반직(상품개발) 지원 직무에세이 • **245**

나만의 콘텐츠로 싸워라

자기소개가 아닌
'나'라는 상품을 홍보하라

자소서의 핵심은 어떻게 나의 이야기에 상대방이 공감하고 흥미롭게 만들 것인가에 있다. 자기 자신, 즉 물리적 개념의 자기를 소개하는 것이라는 고정관념을 버리고 소개가 아니라 홍보라는 시각으로 관점을 확 바꿔보자.

자소서는 과연 무엇을 소개하라는 것일까? 그리고 성장과정, 장단점, 지원동기와 같은 질문들은 왜 지난 몇 십 년 동안 그대로 유지되고 있을까? 세상은 대량생산 사회에서 지식정보 사회로 급격하게 변화하고 있는데 질문이 같다고 과거 선배들이 작성했던 답안을 그대로 답습하는 것은 현명한 생각은 아닐 것이다.

자기소개서를 작성하는 프레임이 없는 경우, 이전에 작성해둔 자기소개서 하나를 원소스^{One-source} 삼아 기업 채용공고가 떴을 때 그때그때 글자 수를 늘리거나 줄이는 방식으로 정리하여 제출하게 된다. 이렇게 하면 여기저기 서류지원은 많이 할 수 있을지 몰라도 면접을 볼 기회는 얻

나만의 콘텐츠로 원하는 회사 바로 간다

기 힘들 것이다.

공채 시즌에 접어들면 대다수 취업준비생들은 하루에도 몇 번씩 취업 포털 채용공고란을 체크한다. 이것 자체는 당연한 노력이다. 문제는 그 다음부터다. 아마 십중팔구는 해당 기업의 자소서 질문 항목부터 체크할 것이다. 그리고 자신이 이전에 작성해둔 자소서와 매칭해본다. 각 항목 당 글자 분량이 비슷하면 '대박', 만일 몇 백 자라도 더 적어야 하면 이내 '멘붕'에 빠진다. 순간 "지원하지 말아버릴까" 하는 생각도 든다.

대개의 사연은 이렇다. 취업준비생들은 4학년 졸업반이 되면 자신의 입사 희망 기업을 탐색해보고 그중 한 회사를 골라 습작 형식의 자소서 를 작성해본다. 처음이니까 떨어져도 무방하다는 편한 마음으로 생각나 는 대로 정리해본 것이다. 문제는 이 자소서가 향후 수많은 기업에 지원 할 때 쓰이는 레퍼런스 자소서로 굳어버릴 수 있다는 사실이다. 당연히 내용은 부실하고 완성도도 떨어질 수밖에 없다.

이런 식으로 서류전형을 준비하면 밤새 글자 수 맞추는 노력만 하다 끝이 난다. 이미 서류전형부터 치열해진 취업 경쟁에 맞설 자신만의 전 략은 생각조차 할 수 없다. 만일 레퍼런스 자소서 항목을 400자로 작성 해두었는데 지원하려는 회사에서 800자로 작성하라고 하면 늘리는 방 법은 간단하다. 2개의 경험이면 4개로 늘리고, 어머니만 나와 있으면 아 버지도 함께 등장시킨다. 하지만 이렇게 늘어난 두 배의 분량은 어차피 동일한 내용이다. 분량이 늘어난 만큼 메시지의 힘은 오히려 약해질 수

나만의 콘텐츠로 싸워라

밖에 없다.

400자든 800자든 핵심은 이야기를 어떤 관점으로 풀어나가 상대방을 흥미롭게 만들고 공감하게 할지에 있다. 그러기 위해서는 자소서가 자기 자신, 즉 물리적 개념의 자기를 소개하는 것이라는 고정관념부터 버려야 한다. '자기소개'가 아니라 '나'라는 상품을 홍보한다는 생각으로 관점을 확 바꿔야 하는 것이다. 앞서 언급한 취준생들이 원소스로 꺼내 쓰는 레퍼런스 자소서의 가장 큰 문제도 여기에서 비롯된다. '자기소개'로서의 관점으로만 생각하니 설득력이 떨어질 수밖에 없다.

취준생들은 자소서를 쓸 때 본인의 생각을 성실하게만 작성하면 될 것이라 믿는다. 이는 특별한 예외를 제외하고는 실패의 연속으로 내달리는 매우 순진하고 위험한 판단이다. 대입수능을 대비해 무수히 많은 참고서를 보고 인터넷 강의를 듣고 그 내용을 정리, 복습했듯이 자소서도 올바른 작성 방향을 이해하고 연습해보는 적절한 '공부'가 뒷받침되어야 본인의 스펙을 뛰어넘는 취업 준비를 할 수 있다.

대학 캠퍼스에서 취업 지도를 하다 보면 취업 자소서인지 아니면 대입 자소서인지 구분하기 어려운 글을 만날 때가 자주 있다. 무엇을 위해서 쓰는지에 대한 본질은 간과한 채 자기를 소개한다는 고정관념에 사로잡혀 자소서를 작성하고 있기 때문이다.

자소서든 면접이든 회사가 알고자 하는 본질은 지원자 나름의 시각과 관점이다. 회사도 자신만의 시각과 관점이 있는 지원자를 스마트한 인

나만의 콘텐츠로 원하는 회사 바로 간다

재라고 생각한다. '스마트하다는 것'은 자소서만 놓고 보면 자신의 생각을 상대방이 공감하게 그리고 남과 달리 엣지 있게 설명하는 것에서 출발한다.

그러나 이게 쉽지만은 않다. 인사담당자가 알고 싶어 하는 것과 지원자가 꺼내놓은 것에는 간격이 존재하기 때문이다. 대부분 지원자가 말하려는 내용은 관점이 결여되어 있거나, 있더라도 허약하기 때문에 인사담당자의 입장에서는 "그래서 뭘 어쩌란 말이지"와 같은 질문을 계속 던지게 된다. 결과는 이런 의문이 이어지다 지원자의 서류는 버려진다는 것이다.

이 간격을 좁히는 것이 성공적인 취업으로 가는 지름길이다. 그렇다고 소위 말하는 스펙을 완전히 무시하라는 얘기는 절대 아니다. 스펙이 풍부하든 부족하든 간에 자신이 원하고 누구라도 입사하고픈 회사에 들어가려면 무엇이 가장 중요한 본질인지를 인식하라는 것이다.

사실 스펙이라는 것도 자신의 목표가 뚜렷한 사람이라면 그에 맞는 방향으로 잘 갖춰져 있을 확률이 높다. 대부분의 취준생들이 뚜렷한 목표의식 없이 남 따라 하기 식의 스펙만을 쌓기 바쁘니 기업에서 '탈脫스펙'을 운운하는 것이지, 자신이 뚜렷한 직업관을 가지고 그에 따르는 크고 작은 노력을 해왔다면 그 스펙이야말로 형식이 아닌 내용 그 자체가 된다.

하지만 이런 제대로 된 스펙을 가진 취준생들이 얼마나 될까? 이 책은 스펙이 부족하더라도 자신의 기본 역량은 물론 숨겨진 강점까지도 최대한 끌어내서 자소서와 면접에 효과적으로 담아낼 수 있도록 했다.

뻔한 장점에는
문제의식을 더하라

읽히는 자소서의 특징은 사건이나 대상에 대한 문제의식과 관점이 분명히 드러나 있다는 점이다. 자신의 장점이 지원하는 기업에 왜 필요하고 중요한지, 삶과 일터에서 어떻게 발휘될 수 있는지 문제의식을 결합해 써보자.

스스로에 대해 나름의 시각을 가지고 그것을 하나의 글로 표현해낸다는 것은, 취업이 코앞에 닥친 취업준비생들에게는 엄두가 안 나는 일일지도 모른다. 이는 불가능한 일은 아니지만 시간 여건상 현실적으로 어려울 수 있다. 그러므로 단시간 내에 자소서를 획기적으로 바꿀 수 있는 효과적인 대안을 마련해야 한다.

생각해보면 가장 시급한 문제는 책상에 앉아 자소서의 첫 문장을 쓰고 난 뒤부터다. 뭔가 말이 되도록 그 다음 문장을 써내려 가야 하는데 이야기의 재료도 주제도 모호하기 짝이 없다. 자신의 이야기를 쓰는 일이니 무작정 책을 찾아볼 수도 없고, 인터넷을 뒤져봐도 무엇을 어떻게 참고

나만의 콘텐츠로 원하는 회사 바로 간다

해야 할지 도무지 감이 잡히질 않는다.

이럴 때 가장 좋은 방법 중 하나는 모방해보는 것이다. 내게 필요한 것을 누군가 잘 정리해둔 것이 있다면 그것을 교재로 삼아 창의적으로 모방해본다. 이 과정에서 나만의 콘텐츠가 탄생할 수 있다. 무작정 베끼라는 것이 아니라 자신이 알지 못했던 새로운 프레임에 빨리 눈을 뜨고 그것을 참고해서 자신의 이야기에 맞게 리모델링하라는 것이다.

예를 들어 자신이 누구보다 열정이 강한 사람이라고 말하고 싶다고 하자. 결론부터 말하고자 첫 줄에 '저는 열정이 강한 사람입니다'라고 기술해놓고 나면 그다음 말을 어떻게 풀어나가야 할지 난감해진다. 적당한 것이 떠오르지 않으면 대안은 열정이 강하다는 것을 보여줄 수 있는 과거의 경험이나 활동들을 결합해보게 된다.

해외 봉사활동을 가서 무덥고 불결한 위생환경이었지만 자신의 임무를 충실히 수행해냈다든지, 팀 프로젝트를 수행하면서 누구보다 열심히 하고 중간에 힘든 일도 많았지만 끝까지 주어진 역할을 해냈다는 식의 내용이 주류를 이루게 된다. 누구보다 뛰어난 열정이 없었다면 그렇게 할 수 없다는 것이 요지다.

그러나 자소서 작성 시 이런 활동은 본인의 '문제의식'과 관점이 뒷받침되지 않으면 설득력이 떨어진다. 다른 사람 입장에서는 단순한 자기주장으로 느껴지기 때문이다. 그래서 일단 시작해야 할 일은, 그 일에 열정이 왜 필요하고 왜 중요한지 그리고 어디에서 어떤 방식으로 열정이 가

나만의 콘텐츠로 싸워라

치를 발하는지, 즉 문제의식을 갖고 접근해보는 것이다.

이를테면 방정식 풀이 같은 정답을 내놓으라는 것은 아니지만 인사담당자로 하여금 지원자의 이야기가 논리적이면서도 일리가 있다^{Making sense}는 생각이 들도록 하는 것이다. 열정은 뜻 자체로만 보면 어떤 일에 무한한 애정을 가지고 열중하는 마음이다. 누구나 쉽게 이해할 수 있을 뿐만 아니라 자신의 이미지를 긍정적으로 만드는 데 도움이 되는 단어임에 틀림없다.

여기서 중요한 것은 이러한 단어를 있는 그대로 자소서에 쓸 것이 아니라, 이것이 왜 필요하고 중요한지 그리고 삶과 일터에서 어떻게 발휘되고 가치를 만들어내는지 등과 같은 '문제의식'을 이해하고 이를 함께 써줘야 한다는 것이다.

다시 말해 열정적인 사람이라는 주장을 하고 싶다면 여러 측면이 있겠지만 '열정이 자신의 한계를 뛰어넘는 데 있어 가장 중요한 요소라 생각한다'는 자신만의 '문제의식'을 담을 수 있다.

그래서 단순히 '저는 열정이 강한 사람입니다'라고 주장하는 것이 아니라 어떠한 행동을 지속시킨 강한 열정이 있었기 때문에 자신의 한계를 뛰어넘을 수 있었다는 등의 구조로 스토리가 흘러가야 인사담당자가 공감한다.

즉, 열정 그 자체의 유무보다는 열정이 왜 중요한지 그리고 그것이 자신에게 어떤 긍정적인 영향을 미쳤는지를 보여주기 때문에 높은 점수를 받게 된다. 이처럼 열정과 같은 어찌 보면 뻔한 장점에 자신만의 '문제의 식'을 결합시켜 의미 있는 스토리를 만들어야 비로소 '나만의 콘텐츠'가 완성된다.

잘 읽히는 자소서는 사건이나 대상에 대한 문제의식과 관점이 분명히 보인다. 수없이 버려지는 자소서들의 공통점은 이 부분이 결여되어 있을 가능성이 크다. 고등학교 논술 교재에 등장하는 한 대목을 보자. 한완상의 『민중과 사회』의 한 부분에 문제의식이 무엇인지 잘 설명되어 있다.

> 문제의식은 어떤 사건의 문제성에 대한 날카로운 통찰이요 의식이다. 현상의 문제성을 예리하게 파악하는 능력이다. 마치 문제가 없는 것처럼 꾸며져 있는 일상적 세계에서 여기저기에 도사리고 있는 여러 사건들의 문제점들을 꿰뚫어 볼 수 있는 능력이 바로 문제의식이다. (중략)
> 일상성의 세계 또는 상식의 세계는 대체로 '물론勿論의 세계'다. 어떤 질문을 던졌을 때 그것에 대하여 모든 사람들이 "물론이지요"라고 대답하는 세계가 바로 물론의 세계다. "일부일처제가 옳습니까"라고 물을 때 "물론입지요"라고 대답한다든지 "주권재민의 사상이 옳은 사상입니까"라고 물으면 "물론 그렇고말고요"라고 대답할 때 일부일처제와 주권재민은 일상성의 구조의 한 부분을 이루고 있다. 사람들은 일상성의 세계를 의심하지 않는다. 오히려 당연한 것으로 받아들인다. 너무도 당연한 것으로 받아들이는 까닭에 그것에 대해 특별한 관심이나 특별한 의심을 품지 않는다.

위 내용을 일반적인 자소서 내용에 대입해보면 무엇이 잘못되어 있는지 명확히 알 수 있다. '기억에 남는 활동에 대해 기술하라'고 하면 대개는 다음과 같은 흐름으로 작성된다.

1. 동남아 어딘가에 자원봉사활동을 갔었다.

2. 그곳에서 또 다른 외국인 친구들과 한 팀이 되어 활동했다.

3. 팀원들과 상의하여 현지인들을 위한 공연을 기획했다.

4. 무덥고 습한 날씨로 나와 동료들 대부분이 지치고 의욕을 상실했다.

5. 나는 찬 음료와 쉴 수 있는 그늘을 찾아내어 팀원들을 배려했다.

6. 처음에는 서먹해하던 팀원들이 나에게 마음을 열기 시작했다.

7. 이후 끝까지 좋은 팀워크로 최선을 다한 덕분에 관객들의 뜨거운 호응을 받으며
   공연을 성황리에 마칠 수 있었다.

8. 열악한 환경이었지만 뜨거운 열정이 있었기에 성공적인 결과를 낼 수 있었다.

9. 입사 후에도 목표 달성을 위해 강한 의지와 실천력을 갖춘 인재가 되겠다.

'기억에 남는 활동을 작성하라'는 질문에 위와 같이 작성하였더라도 틀린 것은 아니다. 문제는 집중해서 읽게 만드는 요소가 없다는 점이다. 위의 지원자는 좋은 결과를 이끌어내는 데 있어 팀원들에게 먼저 다가가려 했던 자신의 노력이 중요한 역할을 했다고 어필하고 싶다. 언뜻 보면 활동 그 자체를 설명하려는 것이 아니라 자신이 노력했던 그 과정을 설명하려는 것으로 보인다. 맞다. 그 과정을 설명하려는 노력은 중요하다. 그렇지만 핵심은 간과되어 있다. 바로 앞서 설명한 문제의식이 없다는 것이다.

'동남아 자원봉사활동을 갔다'라고 하면 인사담당자는 첫 문장만 보고도 "외국에 가서 힘든 환경이지만 자신의 끈기와 노력으로 잘 극복해서

나만의 콘텐츠로 원하는 회사 바로 간다

원하는 목표를 달성했다고 말하려는 것이겠군” 하고는 이내 고정관념을 갖고 읽게 된다. 이러한 인사담당자의 예상대로 이야기가 흘러가면 좋은 점수를 받기는 힘들다. 글은 그렇게 써놓았지만 실제로 그 내용을 확인하기 어렵고 이야기 자체도 이미 많이 봐왔던 지루한 맥락이기 때문이다.

동남아 자원봉사활동이라는 재료에는 아무 문제가 없다. 그 활동을 상대방에게 흥미롭게 전달할 수 있는 전략이 부재하다는 점이 문제다. 해법은 동남아 자원봉사활동이라는 사건에 문제의식을 불어넣어주는 일이다. 문제의식은 얼마든지 다양하게 넣을 수 있겠지만 예컨대 이렇게 해보면 어떨까.

1. 막상 자원봉사활동을 하겠다고 가보니 일방적으로 도움을 주겠다는 시혜施惠적 시각의 접근은 오히려 배울 것이 없고 보람도 적다는 사실을 깨닫게 되었다.

2. 도움을 줄 때 현지인들은 고마워는 했지만 ‘내미는 손’과 ‘맞잡는 손’이 서로 다르게 느껴졌다. 자원봉사의 본질은 도움을 주는 대신 거기에 소요되는 시간에 대한 무형의 보상, 인간에 대한 존중, 사회적 연대감 같은 가치를 얻어야 의미가 있다고 생각했다.

3. 어느새 자원봉사가 아니라 자원활동의 관점에서 다가가려고 하니 보이지 않는 것을 발견할 수 있었고 훨씬 생산적인 시간을 보낼 수 있었다.

4. 무엇보다 중요한 사실은 봉사활동이라는 단어에 얽매여 그저 누구를 도와주는 활동이라는 생각에만 머물렀던 나의 고정관념을 돌아보는 계기가 되었다는 점이다.

5. 앞으로 시작될 사회생활도 이런 고정관념과의 싸움이라고 생각한다. 나의 자원봉사활동 경험은 치열한 생존경쟁에 작지만 강력한 무기가 될 것이다.

나만의 콘텐츠로 싸워라

위의 내용은 앞의 것과 전혀 다르다. 같은 자원봉사활동 경험이지만 읽는 사람으로 하여금 하나는 뻔한 이야기를 한다는 생각이, 다른 하나는 "음, 그렇지, 나도 오늘 하나 배우는 점이 있네"라는 생각이 들게 한다. 즉 봉사활동을 바라보는 자기만의 관점과 이를 통해 얻은 진정한 가치는 물론 나아가 이것이 자신의 장래에 어떤 도움이 될지까지 선명하게 그리고 있다.

그러면 이러한 문제의식을 어떻게 생각해낼 수 있을까? 이 부분에 대해서는 너무 걱정할 필요는 없다. 물론 지식을 보는 시각의 차이는 있겠지만 위와 같은 구조는 인터넷을 통해 얻을 수 있는 지식과 정보만으로도 충분히 잡아볼 수 있다. 위의 내용도 자원봉사와 관련하여 이런저런 검색을 하다 보니『자원활동은 자원봉사가 아니다』라는 책이 나와 그것을 보고 정리한 것뿐이다. 그 책을 소개하는 내용 중에 이런 대목이 있었다.

> 어느 날 미국 케네디 대통령이 인도 네루 수상에게 물었다. "미국 평화봉사단을 만들려고 하는데 어떻게 생각하십니까?" 네루 수상이 답했다. "그거 참 좋은 생각입니다. 미국의 젊은이들이 우리 인도의 마을에서 많은 것을 배울 수 있을 테니까요."

굳이 책을 다 읽지 않더라도 자원봉사라는 단어가 지닌 잘못된 인식과 고정관념이 무엇인지를 쉽게 이해할 수 있다. 사실 사소해 보이지만 이러한 인터넷 검색은 비단 자소서 작성에만 활용되는 것이 아니라 자신의 인생관과 세계관을 넓혀주는 데도 매우 큰 도움이 된다.

나만의 콘텐츠로 원하는 회사 바로 간다

인간적인 매력이 있는
지원자에 끌린다

기업의 현재는 기술력이 말해준다면 미래는 사람이 말해준다. 그래서 인사담당자는 지원자만의 인간적 매력, 바른 품성과 태도, 뛰어난 사회성 등을 기대한다.

취업 경쟁력에 중요한 요소를 꼽으라면 1차적으로 좋은 학점, 다양한 대내외 활동, 유창한 언변, 준수한 외모 등을 들 수 있다. 그런데 중요한 포인트가 하나 빠져 있다. 바로 지원자가 얼마나 매력적인 사람인가 하는 점이다. 지원자는 이미 이력서를 통해 자신이 얼마나 많은 활동을 했고, 학점은 어떤지 등등 기본적인 사항은 모두 전달했다. 그렇게 해서 자신이 뛰어난 조건을 갖춘 사람임을 알렸으면, 자소서나 면접에서는 그런 내용을 중복하여 보여주려 하기보다는 남들에겐 없는 인간적 매력, 품성, 태도, 사회성 등과 같은 부분을 잘 드러내어 인사담당자에게 자신의 이미지를 그려줘야 한다.

나만의 콘텐츠로 싸워라

이러한 2차적인 요소는 어떻게 보면 지원자가 세상 물정에 대해 얼마나 이해하고 있는가에서 비롯된다. 취업준비생들은 학교생활, 아르바이트, 인턴 등 여러 대내외 활동을 거치면서 세상 물정에도 눈을 뜨게 된다. 이는 살아가는 데 있어 중요한 무기가 된다. 조직도 마찬가지다. 기업의 현재는 기술력이 말해준다면 미래는 사람이 말해준다. 따라서 인사담당자는 자기소개서에서 지원자의 경험치, 즉 세상에 대한 이해도를 은근히 많이 따져보게 된다.

동일한 장소에서 동일한 물건을 팔아도 더 잘 파는 사람이 있다. 비결은 사람에 대한 '끌림'에 있지 않을까. 과연 무엇이 그 사람에게 호감을 갖게 만들어 남들보다 더 끌리게 하는 것일까. 호감은 실력에서도 나오지만 기본적으로 인간적인 매력, 즉 인품, 인사성, 예의바름 등과 같은 데서 우러나온다.

학창시절 공부에만 매달려온 취준생들에게서 인간적인 매력을 찾아내기는 어렵다. 그래서 이러한 매력이 없다고 하더라도 흠잡을 수는 없다. 그렇지만 취업과 관련해서 생각해보면 이런 인간적인 매력을 보여줄 수 있는 측면들은 노력 여하에 따라 단기간에 준비할 수 있다. 이를 잘 활용하면 취업에 매우 큰 도움이 될 수 있다.

기성세대는 요즘 청년세대들이 사회성이나 인성이 부족하다는 고정관념을 갖고 있다. 사회 경험이 부족한 만큼 세상 물정을 잘 모를 거라는 이유에서다. 그런 기성세대도 자신들의 청년 시절에는 그 윗세대로부터 같

나만의 콘텐츠로 원하는 회사 바로 간다

은 평가를 받았음은 당연하다. 요즘 애들이어서 그런 것이 아니라 항상 윗세대는 아랫세대를 그렇게 생각하는 것이다. 다시 말해 윗세대인 인사 담당자들은 기본적으로 아랫세대인 지원자들이 사회성이나 인성이 뭔가 부족할 것이라는 인식을 가지고 있다고 봐야 한다.

따라서 이 부분을 집중적으로 공략할 필요가 있다. 조직은 왜 세상 물정에 밝은 사람을 선호할까? 답은 간단하다. 일단 영업력이 좋을 것이라고 판단하기 때문이다. 예를 들면 세상 물정에 밝은 사람은 주변 환경과 조화를 잘 이룰 뿐만 아니라 상대방의 입장을 배려할 줄도 안다고 여긴다. 누군가와의 만남과 헤어짐을 밝은 표정과 열정으로 응수할 수 있다고 보기 때문이다. 기업은 그런 사람이 영업현장을 다녀야 한다고 생각한다.

그렇다면 세상 물정에 밝은 사람이 되기 위해 어떤 노력이 필요할까? 일상생활에서 시작하기 가장 쉬운 것이 '먼저 인사하기'다. 사회생활의 출발점은 바로 타인과의 인사하기에 있기 때문이다. 우리는 이미 중·고등학생 때는 물론 대학생 때도 경험해봤다. 선배가 후배를 보는 첫 이미지는 바로 후배가 얼마나 깍듯하게 인사를 잘하는가에 달려 있다는 걸 말이다. 성격은 착한데 인사하는 습관이 배어있지 않다면 학교생활 시작부터 선배들에게 냉대받기 십상이다.

그래서 어릴 적 등굣길부터 습관을 들여야 하는 것이다. 마주치는 동네 사람들에게 무조건 먼저 고개 숙이고 '안녕하세요'라고 하는 것이다. 학

나만의 콘텐츠로 싸워라

교에서도 선배가 내가 누군지 잘 몰라서 인사를 제대로 받아주지 않더라도 아무 상관없다. 그저 자신의 방식과 원칙대로 예의 바르게 인사하면 되는 것이다. 처음에는 무척 쑥스럽고 어색하기 짝이 없다. 습관이 되어 있지 않기 때문이다. 설사 내가 인사하지 않더라도 나에게 피해가 있는 것은 아니기 때문에 이를 지켜서 하기도 쉽고, 안 하기도 쉽다. 바로 이런 사소한 부분에서 만들어내는 습관이 성공적인 취업으로 연결될 수 있다.

인사 습관 외에 한 가지 더 연습해본다면 식사 습관이다. 요즘 부모님들은 자식에게 식사 매너를 일일이 이야기하지 않는 경우가 많다. 일방통행 방식으로 대화가 이뤄지기 마련이고, 자식 입장에서는 굳이 부모님의 말을 경청할 필요가 없다고 생각한다. 그런데 부모님과의 식사 시간이야말로 세상 물정을 파악하고 인간적인 매력을 기르는 데 최고의 기회가 될 수 있다. 부모님과 식사하며 오랜 연륜을 쌓은 데서 우러나온 인생관이나 대인관계에 대한 조언에 귀 기울인다면 또래 친구들로부터는 절대 얻을 수 없는 보석을 얻게 될 것이다.

이처럼 기본적인 매너와 소양을 기르면서 얻게 된 세상에 대한 이해와 시각은 개개인의 매력을 만드는 데 중요한 요소이다. 또한 누구나 하나씩은 가지고 있는 자신만의 매력을 제대로 활용하여 어필하는 것이야말로 세상 물정에 눈뜨는 것이자 동시에 취업 경쟁력을 높이는 일이다.

친구와 수다를
떠는 것처럼 말하라

스토리가 빠진 자소서는 지루하기 마련이다. 자신의 경험이 삶에 어떤 영향을 주었는지 그리고 어떤 세계관과 인생관을 갖게 해주었는지 스토리로 말할 수 있어야 치열한 생존경쟁의 전쟁터에서 승리할 수 있다.

지루한 자소서의 특징 중 하나는 스토리가 없다는 점이다. 흥미를 끌기 위해 무조건 스토리가 필요하다는 것은 아니지만 스토리가 빠진 자소서는 관심을 끌기 어렵다.

'스토리텔링'이라는 말이 있다. 사실관계를 단순히 전달하는 것이 아니라 사건이나 혹은 사건의 전개 과정을 보여줌으로써 말하는 사람이 어떤 메시지를 전하려는지 상대방이 더 몰입하여 알 수 있도록 하는 것이다. 이런 기법은 프로 영업맨들의 필살기일지 모른다. 가장 치열한 생존의 전쟁터에서 그들이 가진 최고의 무기는 바로 친절이 아니라 자기만의 스토리를 파는 것이다. 친절은 누구나 당장 보여줄 수 있다. 영업맨 모두가 친절하다면 고객들의 구매동기는 더 이상 친절이 아닐 것이다. 고객들은 차별화된 무언가를 가진 영업맨의 제품을 사려고 할 것이다. 그러기 위해서 영업맨은 흥미롭고 신선한 경험을 제공하는 능력이 있어야 한다. 바로 이때 차별화의 밑거름은 물론 결정적 한 방이 될 수 있는 것이 스토리로 고객에게 다가가는 일이다.

자소서도 마찬가지다. 지원자에게 경험한 것을 말해보라고 하면 무엇을 했는지, 어디에 갔는지만 있을 뿐 그 일을 하게 된 동기나 그곳에 가고자 했던 이유 등 다른 지원자들과의 차별성을 드러내주는 근거는 쏙 빠져 있다. 그런 내용이 있어야 스토리가 만들어지고 그래야만 그 경험이 자신의 삶에 어떤 영향을 주었는지 그리고 어떤 세계관과 인생관을 갖게 되었는지를 논리적으로 설명할 수 있는 것이다.

아쉽게도 이런 논리를 갖춘 자소서는 드물다. 대개는 '무엇을 했더니 어떤 사실을 알게 되었다'는 단순 구조다. 예컨대, 봉사활동을 해보았더니 그 활동 과정 자체에 대한 문제의식이나 관점은 없고, '땀의 가치를 알게 되었고 이웃을 도우니 보람을 느꼈다'라는 결론이 바로 나온다. 이런 방식의 전개가 자소서의 모든 항목을 채우고 있다면 얼마나 재미없고 힘이 없겠는가.

일부 대기업에서는 이러한 이유로 '실패한 경험을 써보라'고도 한다. 성공담은 죄다 무엇을 했더니 무엇을 느꼈다는 식으로 끝나기 마련이라 지원자가 어떤 인품과 생각을 가진 사람인지 도저히 알 수 없기 때문이다. 실제로 실패담을 적게 해보면 그나마 그 지원자만이 갖고 있는 특성을 파악할 수 있는 스토리가 나오는 편이다. 실패해보니 더 노력해야겠다고 바로 적는 사람은 없기 때문이다. 즉, 성공담은 단박에 결론으로 연결하기 쉽지만 실패담은 그것을 극복하려는 과정이 있어야만 결론을 말할 수 있다. 인사담당자는 실패담 그 자체가 아니라 지원자의 인생 스토리를 듣고 싶은 것이다.

소설, 드라마, 영화를 보라. 주인공이 마냥 행복하기만 한가? 뭐든 손대면 성공하는가? 주변 사람들이 좋아만 하는가? 주인공은 타고난 재능으로만 승부하는가? 절대 아니다. 주인공은 위의 조건을 다 가진 존재가 아니라 치열한 고민과 번뇌, 끊임없는 도전과 투쟁을 통해 행복을 얻고 그 과정에서 의미를 찾아나가는 존재다.

스토리로 감동을 주려면 사건의 결과가 아니라 사건의 전개 과정이 흥미롭고 공감이 가야 한다. 그렇기 때문에 취준생들은 큰 걱정을 덜 수 있다. 예를 들면 해외로 여행을 가거나 교환학생 경험이 없더라도 취업에 불리하다는 생각을 할 필요가 없다. 왜냐하면 인사담당자는 수많은 대학생이 공통적으로 가지고 있는 그런 경험과 활동에는 더 이상 큰 관심이 없기 때문이다. 어쩌면 별것 아니라 생각되는 동네 조그마한 공부방에서 중·고등학생을 가르친 경험이 더 특별한 것일지 모른다.

다시 말하지만 중요한 것은 바로 사건의 전개 과정이다. 학생들을 가르쳐보니 보람이 있더라는 것이 아니라, 가르치는 과정에서 자신의 적성을

나만의 콘텐츠로 싸워라

새롭게 발견하였다든지, 상대방을 설득하는 것이 얼마나 어려운지 알게 되면서 어떤 노력을 하게 되었고 그 결과 지금 어떤 능력을 갖추게 되었다든지 등등 과정에 대한 흥미진진한 스토리를 넣어주면 되는 것이다.

이러한 스토리를 떠올린다는 것은 취준생들에게 당장에는 익숙하지 않아 어려운 일처럼 느껴질 수 있다. 그렇지만 방법을 이해하고 조금만 노력하면 생각보다 어렵지 않다. 새로운 학문을 배우는 것이 아니라 이미 알고 있는 것을 끄집어내는 요령을 모를 뿐이다.

그렇다면 친구와 대화할 때는 어떤가. 자소서에 쓴 내용처럼 대화하는가? 아니다. "어제 무슨 일이 있었는데, 그래서 말이야" 하고 자연스럽게 스토리로 말한다. 그러면 상대방은 집중해 들으면서 "그래서 어떻게 됐어?" 하고는 계속 그다음 내용을 듣고 싶어 하기 마련이다. 친구에게 어제 무엇을 봤다고 맥락 없이 중계하듯 이야기하고 있는가, 아니면 어떤 장면이 무슨 메시지를 담고 있는지를 설명하면서 이야기하고 있는가.

누구나 이미 스토리로 말하는 방법을 알고 있다. 이처럼 일상에서 이야기하듯 자연스럽게 자소서를 쓰되 단순히 자신의 머릿속에 있는 것만으로 말하기보다는 책과 인터넷, 잡지, 신문 등 여러 지식정보 매체를 활용한다면 훨씬 경쟁력 있는 나만의 콘텐츠를 만들 수 있을 것이다.

지식과 정보로 회사에 대한 애정도를 높여라

어떤 콘텐츠로 자신을 설명할 것인가? 아이디어나 상품을 팔려면 소비자의 니즈를 먼저 충족시켜야 하는 것처럼 자소서 작성도 마찬가지다. 잘 팔리는 상품은 보통 막연히 좋다기보다 왜 사야 하는지 이유가 명쾌하게 있다.

대다수 취준생들의 자소서는 근거 없이 주장만 열거되어 있는 경우가 많다. 따라서 어떤 콘텐츠를 통해 자신의 주장을 뒷받침할 수 있을지 고민해야 한다. 콘텐츠는 말 그대로 내용물을 의미한다. 대개의 자소서 내용은 나열식의 형태를 띠고 있다. 즉 어디에 가서 무엇을 했고, 무엇을 느꼈다는 식이다. 아니면 어떤 점이 중요하다고 생각해서 무엇을 했고, 그것을 해보니 어떤 생각이 들었다는 것이다. 이런 스타일이 틀렸다는 것은 아니지만 이런 구조로는 콘텐츠를 만들어 넣기가 어렵다.

과거에 어떤 경험 혹은 활동을 했고, 거기서 무엇을 느꼈다는 것은 사실관계일 뿐 상대방을 흥미롭게 만드는 콘텐츠가 되기는 어렵다. 사실관

나만의 콘텐츠로 싸워라

계는 재료이기 때문에 당연히 활용해야 한다. 관건은 상대방을 흥미롭게 만드는 실마리를 찾는 것이다. 그것이 콘텐츠와 곧장 연결되기 때문이다. 방금 언급한 것처럼 무엇을 했더니 어떤 점을 느꼈다고만 하고 끝나버리면 당연한 사실의 기술에 머문다. 거기서 한 발짝 나아가야 한다. 즉 무엇을 느꼈다면 그것이 해당 직무나 산업의 어떤 부분과 연결될 수 있는지를 찾고, 그에 맞는 근거와 논리로 설명할 수 있을 때 의미 있는 콘텐츠가 만들어진다.

그러면 경쟁력을 갖춘 콘텐츠를 만들기 위해 어떠한 기본원리가 필요할까. 가령 미디어콘텐츠 사업자가 양질의 콘텐츠를 제작하려면 우선 소비자의 니즈부터 이해하려 할 것이다. 모든 비즈니스의 공통점은 자신의 상품을 자신이 아니라 소비자에게 판다는 것이다.

기획, 마케팅, 영업 등 모든 조직은 자신의 아이디어나 상품을 팔기에 앞서 소비자의 니즈를 충족시키기 위한 방향을 설정해야 한다. 이는 경영학의 기본원리다. 자소서 작성도 마찬가지다. 자신이 하나의 상품이라면 그냥 좋은 상품보다는 팔리는 상품을 만드는 전략이 강구되어야 한다. 소비자가 흥미를 갖는 상품은 막연히 좋은 것보다는 왜 구매해야 하는지에 대한 명쾌한 이유가 있다. 이것이 바로 콘텐츠의 힘이다.

어떻게 보면 스펙이 좋은 지원자는 좋은 선수는 맞지만 좋은 상품까지는 아닐 수 있다. 프로의 세계는 좋은 선수보다는 좋은 상품을 찾는다. 이 사람을 뽑아야 하는 이유를 찾았다는 것은 좋은 상품을 발견했다는 말과 같다. 좋은 선수가 잘못되었다는 것이 아니다. 자신이 좋은 선수라면 상품성을 겸비할 수 있는 포인트를 찾으라는 것이고, 자신이 좋은 선수들 대열에 끼기 어려운 상황이라면 상품성을 높일 수 있는 전략으로 승부를 걸라는 것이다.

그런데 대부분의 경우 좋은 선수가 되려고 하지, 좋은 상품이 되려는 전략은 없다. 이렇게 생각해보자. 우리가 가려고 하는 기업은 내가 볼 때 좋아 보이는 기업일까, 아니면 내가 좋아하는 기업일까? 답하기가 쉽지 않을 것이다. 둘 다인 것 같기도 하고, 냉정히 생각해보면 전자 쪽에 무게가 가는 것 같기도 하다. 일전에 모 TV 프로그램에서 좋아 보이는 것과 좋아하는 것의 차이를 대가를 치르려는 의지로 설명하는 것을 본 적이 있다. 참 옳은 말이다. 만일 내가 좋아하는 것이라면 어떠한 희생과 대가를 치르더라도 적극적으로 감수하려고 할 것이지만, 좋아 보이는 것은 그저 욕망만 할 뿐 위기상황이 왔을 때 얼마든지 외면할 것이기 때문이다.

기업의 입장에서 보면 대부분의 지원자는 그 회사가 좋아 보여서 지원했을 것이라 전제하고 채용 프로세스를 진행한다고 봐야 한다. 그래서 자소서 심사나 면접 과정에서 지원자가 얼마나 그 회사를 좋아하는지, 즉 얼마나 많은 고민과 준비과정을 거쳤는지 보지 않을 수 없다. 그런 니즈를 충족시킬 수 있는 전략을 찾는 일, 즉 '나'라는 상품을 구매하는 소비자가 내가 얼마나 회사를 좋아하는지 알고 싶어 한다면 그 문제에 집중해서 해법을 찾는 것이 지혜로운 접근이다.

나만의 콘텐츠로 싸워라

　팔리는 상품, 즉 흥미로운 자소서를 작성하기 위해서는 당연한 사실을 콘텐츠화해서는 안 된다. 당연한 것은 콘텐츠가 아니다. 나보다는 상대방, 즉 지원하려는 기업을 먼저 이해하려는 데서 비롯된 것이어야 한다.
　예를 들어 취업준비생 선호기업 중 하나인 아모레퍼시픽에 취업하고 싶다고 하자. 지원동기에 쓸 콘텐츠를 만들고 싶다. 어떻게 접근하면 좋을까? 여러 접근법이 있겠지만 먼저 상대방을 알아야 할 것이다. 그러면 '아모레퍼시픽'이라는 단어를 검색하는 것부터 해보면 된다. 검색을 해보니 다음의 인터뷰 기사가 눈에 들어왔다.

"철저한 준비를 통해 고객에게 사랑받는 젊고 푸른 기업이 되겠습니다." 서경배 아모레퍼시픽 대표는 1월 2일 서울 용산 본사에서 시무식을 갖고 2012년 임진년 경영방침을 이처럼 '고객에게 사랑받는 에버그린Evergreen 기업'으로 제시했다. 이를 통해 올해에도 '아시아 미의 정수를 세계에 전파한다'는 기업 소명인 '아시안 뷰티 크리에이터'의 실현을 위해 박차를 가한다는 설명이다. 서경배 대표는 이를 위해 ● 상품·브랜드 혁신 ● 구매 경험 혁신 ● 소통 혁신 ● 신시장 개척 ● 근무환경 혁신 등 5대 세부전략을 수립하고 각 분야별 철저한 준비를 할 계획이라고 밝혔다. 먼저, 전 부문에 걸쳐 상품 및 브랜드의 혁신을 도모한다는 방침이다. 제품 및 디자인 혁신, 실버상품 개발 등 신제품 개발에 박차를 가하고, 브랜드별 지속가능제품 육성을 통해 가치 창출을 실현하는 등 혁신적인 마케팅 활동을 강화한다는 계획이다. R&D 분야에서는 바이오·스마트·그린 연구에 집중, 글로벌 연구 경쟁력을 키운다. 더불어, 고객·환경·사회와의 친화성을 고려한 원료의 지속가능성도 확보할 예정이다. 생산물류SCM 부문에서는 글로벌 품질기준을 정립하고, 고객 안심 생산 프로세스를 구축하는 한편, 협력사와의 네트워크 관계도

나만의 콘텐츠로 원하는 회사 바로 간다

강화한다. 특히 고객과의 관계가 강화된다. 아모레퍼시픽의 멀티브랜드숍 '아리따움' 방문 고객들에게는 차별적인 경험과 서비스를 제공해 경쟁력을 높이고, 현재 운영되고 있는 영업력 강화 프로그램 SSEP^{Sales Stimulation & Enhancement Program}을 맞춤 개발해 고객 접점에서 차별적인 구매경험을 제공할 수 있도록 실행력을 제고한다는 방침이다.

- 〈머니투데이〉 2012년 1월 3일자 중에서

위 인터뷰 내용을 보면 CEO의 의지가 담긴 내용이라는 것은 쉽게 이해하지만 그 내용을 자소서 작성에 활용할 대목을 찾아보라면 아이디어가 금방 떠오르지는 않을 것이다. 최고경영자가 언급한 내용을 그대로 써먹자니 뻔할 것 같고, 그 내용 역시 상대방을 흥미롭게 할 만한 구성은 아니기 때문이다. 사실 어떤 자료를 검색하고 참고해봐도 대부분 이런 식의 내용들이기 때문에 이것저것 뒤져보고 특별히 눈에 띄는 것이 없다고 생각해버리게 된다.

이를 극복할 수 있는 방법은 나름의 질문과 추론능력을 발휘하는 것이다. 가령 "아모레퍼시픽의 CEO가 인터뷰에서 강조한 메시지는 결국 무엇일까"라고 생각해보는 것이다. 위의 내용을 보면 계속해서 '혁신'이라는 단어를 열거하고 있고 그것을 위해 구체적으로 무엇을 해나가겠다는 내용이다. 그럼 '왜 이 시점에서 혁신을 말할까'를 질문해봐야 한다. 아무 개념도 없이 혁신, 혁신 외치지는 않을 것이기 때문이다.

자! 안타깝게도 여기서 취업준비생들은 더 나아가지 못한다. 그 다음

상상은 CEO의 생각 속으로 들어가야 한다는 고정관념으로만 있기 때문이다. 회사 대표가 무슨 생각을 하고 있는지 그 누가 알 수 있는가. 지금 단계에서 해야 할 일은 화장품시장을 먼저 살펴보는 것이다. '시장 상황이 어떻기에 혁신이라는 단어가 나왔지' 하는 식으로 질문을 던져야 한 발짝 더 나아가게 되고, 이런 생각이야말로 완벽한 자소서 작성의 밑거름이 된다.

계속해보자. 2012년 초 당시 화장품시장은 K-코스메틱 열풍에 따른 중저가 화장품의 급성장세가 단연 돋보이는 가운데, 고가의 기능성 화장품은 정체 국면에 머무르고 있음을 검색을 통해 알 수 있다. 당시 중저가 화장품의 대표주자는 '미샤' 브랜드를 가진 에이블씨엔씨였고, 고가 기능성 화장품의 대표주자는 전통적 1위를 지켜오고 있는 아모레퍼시픽이었다. 이 시점에서 실제로 해당 기업의 주가를 확인해야겠다는 생각이 드는 독자라면 어디를 지원하더라도 합격 가능성이 높다.

주가를 살펴보면 2011~2012년 사이 에이블씨엔씨의 주가는 두 배가량 상승한 데 비해 같은 기간 아모레퍼시픽의 주가는 제자리를 걷고 있다. 그런데 아모레퍼시픽의 CEO는 혁신을 외치고 있다. 그렇다면 혁신의 방향은 둘 중 하나라는 추론이 가능해진다. 하나는 지금이라도 전력을 다해 에이블씨엔씨를 따라잡는 것이고, 다른 하나는 전통적으로 1위 자리를 지키고 있지만 정체 상태에 머무르고 있는 고가 기능성 화장품의 경영 방식을 혁신하는 일일 것이다. 아니면 두 마리 토끼를 다 잡는 것도 포

나만의 콘텐츠로 원하는 회사 바로 간다

함될 수 있을 것이다. 이같이 상상력을 동원해 질문을 던지고 논리적 추론을 하는 과정에서 흥미로운 콘텐츠가 만들어진다는 사실을 재차 확인할 수 있다.

만일 어떤 지원자가 자신의 지원동기를 다음과 같이 작성한다고 하자.

1. 대학 2학년 때부터 화장품업계에 마음이 있었지만 사실 아모레퍼시픽에 대해서는 관심이 별로 없었다. 왜냐하면 취업한 선배들 말을 들어보면 대기업은 안정적인 대신 시키는 일만 열심히 해야 한다더라.

2. 그러던 중 아모레퍼시픽 회장님의 인터뷰 기사를 읽게 되었는데, 문득 '혁신'이라는 단어가 들어왔다. 그래서 화장품업계 시장 상황을 꼼꼼히 공부하게 되었는데 중저가 브랜드의 성장세가 뚜렷한 반면, 고가 기능성 브랜드는 정체 상태에서 벗어나질 못하고 있더라.

3. 그런 상황에서 회장님이 던지는 혁신은 매우 절박하고도 진정성 있는 단어로 다가왔다. 그동안 대기업에 대한 경계심이 높았는데, 지금이야말로 내가 아모레퍼시픽에 입사한다면 무한한 도전의 기회를 가질 수 있겠다는 확신을 갖게 되었다.

대개의 경우 아모레퍼시픽에 지원하게 된 동기를 쓰라고 하면 화장품을 사용해봤는데 너무 좋아서, 매장에 방문했는데 이미지가 너무 좋아서, 아시아 뷰티시장을 선도하는 기업이기 때문이라는 식으로 흘러간다.

이런 메시지로는 좋은 콘텐츠가 만들어지기 어렵다. 복잡하고 심오한 얘기를 듣고자 하는 것이 아니라 지원자의 잠재성을 보자는 것이다. 이는 학자나 전문가가 되라는 것도 아니다. 화장품업계에 가려는 열정을 가졌다면 눈과 발이 바쁘게 돌아갔을 것이고, 그런 노력의 과정 속에서 나는 무엇을 이해하고 발견했든지를 정리해보라는 것이다. 그런 다음 그 것을 논리적으로 흥미롭게 구성할 때 드디어 남과 차별화되는 콘텐츠가 완성된다.

나만의 콘텐츠로 원하는 회사 바로 간다

잘난 사람이 아니라
잘 맞는 사람이 된다

무엇을 잘한다는 것이 나를 뽑아야 하는 이유가 되려면 그것이 내가 지원한 회사에서 요구하는 역량이어야 할 것이다. 최고의 인재는 따로 있지 않다. 특별한 스펙이 없어도 회사와 궁합이 맞다면 승산은 있다.

자신의 강점이나 재능을 3초 이내로 대답할 수 있는 사람이 얼마나 될까? 답하기 어려운 이유는 재능이 없어서라기보다는 자신의 재능에 대해 추상적으로만 파악하고 있기 때문이다. 자소서의 중심에 남과 뚜렷하게 구분되는 재능은 무엇인지, 그 재능이 어느 분야에서 어떻게 활용될 수 있는지만 명확히 드러나면 지원동기는 물론 학창시절의 대내외 활동도 흥미롭게 기술할 수 있다. 그래서 자소서를 작성하기에 앞서 자신의 재능을 구체적으로 파악하는 것이 중요하다.

이 책에서 다루는 재능은 취업준비자에 해당하는 것이므로 굳이 학문적으로 접근할 필요는 없을 것 같다. 간단하면서도 쉽게 이해되는 정도면 충분할 것이다. 핵심은 무엇을 잘한다는 것을 찾으려고만 해서는 안 된다는 점이다. 즉 재능은 무엇에 능숙하다는 것도 맞지만, 그것보다는 궁합의 요소를 잘 이해하는 것이 취업 준비에는 더 효과적이다.

대학졸업생들 중에서 남들보다 특출한 재능을 갖고 있는 사람이 얼마나 될까? 생각해보면 오십보백보五十步百步일 것이다. 그렇기 때문에 기업 입장에서도 지원자의 재능이 그 분야에서 요구하는 요건에 부합하는지를 우선적으로 검증하게 된다. 물리적 스펙만 충족된다고 해서 모두를 선발할 수는 없으며 지원자의 재능이 그 분야에서 요구하는 요건에 얼마나 부합하는지를 본다는 것이다.

최근 주요 기업들의 자소서 작성문항을 보면 '자신의 강점과 약점을 기술하라'는 식의 직설적 질문을 배제하는 경우도 많다. 단순하게 장점을 묻는 것은 판단의 근거가 제한적이라고 생각해서, 대신에 성장과정과 여러 대내외 활동 그리고 학습과정 등에서 자신의 재능과 장점을 어떻게 발견하였는지, 그것을 탁월하게 만들기 위해 어떤 노력을 더 경주하였는지를 파악하려는 것이다. 그래서 창의적으로 문제를 해결했던 경험, 열정을 갖고 변화를 추구해본 경험, 혹은 누구를 감동시켜보았거나 최고의 서비스를 수행해보았던 경험을 적어보라고 한다. 이런 유형의 질문에 대한 해법은 그런 경험을 이끈 자신의 역량을 엣지 있게 풀어내는 데 있다.

미국 갤럽The Gallup Organization 사장을 지낸 도널드 클리프턴Donald Clifton은 재능은 변형이 불가하다고 말했다. 필요한 곳에 사용되는 지식과도 같아서

나만의 콘텐츠로 원하는 회사 바로 간다

매우 중립적이라는 것이다. 그러므로 성공하기 위해서는 재능, 즉 자신의 가치관과 부합되는 무대에 가야만 한다고 결론을 내린다. 그에 따르면 사람 자체는 변하지 않으며 단지 자신의 재능을 잘 파악하고 그것을 중심으로 삶을 펼치는 사람이 성공한다고 한다. 그렇게 보면 에디슨은 초등학교 때 공부로는 별 볼일 없는 학생이었지만 끊임없는 실험정신으로 발명왕이 되었다. 히딩크 감독은 유럽이나 중남미에 비해 개인기가 부족한 한국을 강한 체력을 바탕으로 월드컵 4강 신화를 이뤘다. 이 모두의 공통점은 자신만의 재능, 즉 강점으로 일했다는 점이다.

취업을 준비하는 여러분들에게 지금부터 필요한 일은 재능에 대한 고정관념을 버리는 일이다. 가령 숫자에 해박하다거나 기획을 잘한다거나, 통솔력이 있다거나 하는 것은 좋은 재능임에는 분명하지만 실제로 기업에서 찾고 있는 인재는 약간 다를 수 있다. 부정적인 이미지를 줄 수 있는 재능을 가진 사람이라도 해당 분야에서 교묘히 연결되면서 최고의 성과를 낼 수 있다면 그것이야말로 그들이 찾고 있는 인재가 될 수 있다.

예를 들어 하루 종일 수다를 떨지 않으면 우울해지는 성격의 소유자라면 그것을 단점으로만 기술하려고 하지 말고 창의적으로 써먹을 수 있는 방법을 생각해보라는 것이다. 요즘처럼 개성과 독창성을 요구하는 시대에 그런 발상법을 보여주는 사람이야말로 기업이 찾는 인재일지 모른다. 이처럼 재능이라는 개념을 입체적으로 이해한다면 친구들에겐 없는 나만의 장점을 발견할 수 있다.

방송콘텐츠 혹은 광고제작 분야를 보자. 시나리오 작가, PD, 현장 스태프들과 함께 일하기 위해 요구되는 가장 중요한 역량은 뭘까? 전공지식, 실습 활동, 좋은 학벌? 개인적으로는 지원자의 '체질'이라 생각한다. 좋은 학벌과 좋은 머리를 가졌다고 하더라도 작업현장에서 수없이 오가는 대화나 잡담을 재밌게 느낄 수 없다면 그 사람은 일단 체질이 아닌 것이다. 오히려 객관적인 스펙은 약간 부족하지만 자신이 대한민국 최고의 수다쟁이며 이것이 방송이나 광고제작에 큰 장점으로 발휘될 수 있다는 것을 자신의 재능으로 어필할 수 있는 사람을 인사담당자는 높이 평가할 확률이 높다. 즉 재능은 무엇을 잘하는 것이기도 하지만 일의 특성과 자신의 성향과의 방정식을 만들어내는 사고와 시각이 오히려 더 큰 재능이 될 수 있다.

최고의 엘리트들이 모여 일하는 고소득 직장일수록 면접 시 우선시하는 잣대는 바로 체질이다. 지원자의 자질도 물론 살필 것이다. 그러나 부가가치가 높은 산업일수록 정신적으로나 육체적으로 높은 노동 강도가 요구된다. 체력이 뒷받침되어야 한다는 의미인데, 물리적인 체력만으로는 절대 오래 버티지 못한다. 맡은 일을 거머쥐고 성과를 낼 수 있는 지구력은 물리적인 체력이 아닌 일을 즐길 수 있는 체질에서 나오기 때문이다. 아무리 건강한 사람이라 하더라도 본인의 성향이나 재능과 무관한 일을 밤새워 하기는 어렵다. 엘리트 집단일수록 타고난 재능을 가진 사람, 즉 강한 체질을 지닌 사람을 선호한다고 볼 수 있을 것이다.

우는 놈
떡 하나 더 준다

성공한 사람들을 보면 주어진 상황에서 본인이 취할 수 있는 모든 가능성에 도전한다는 공통점이 있다. 내가 가지고 있는 모든 카드를 꺼내보자. 국가나 기업이 제공하는 기회는 물론 나에게 도움을 줄 수 있는 사람들이 생각보다 가까이 있다.

'권리 위에 잠자는 자, 보호받지 못한다.' 이 말은 독일의 법학자 루돌프 폰 예링 Rudolf von Jhering이 그의 저서 『권리를 위한 투쟁』에서 한 말이다. 실제로 우리 법에서는 타인에게 돈을 빌려주어 채권을 갖고 있더라도 채무자에게 돈을 돌려받기 위한 구체적인 노력을 하지 않으면 10년 지난 후부터는 채권의 효력을 인정하지 않고 있다. 본인이 어떤 권리를 갖고 있다면 적극적으로 행사해서 자신의 이해관계를 돌보라는 취지일 것이다.

사회 진출을 앞두고 있는 경우라면 이 표현을 잘 새겨둘 필요가 있다. 본인에게 유·무형의 권리가 주어져 있는데도 그것을 인식하지 못하거나 아예 무시하고 산다면 남는 것은 패배뿐이다.

성공한 사람들의 스토리를 보면 공통점이 있다. 주어진 상황이나 환경이 아무리 험난하더라도 본인이 취할 수 있는 모든 가능성에 도전한다는 점이다. 두 가지가 필요하다. 하나는 본인이 가지고 있는 모든 카드를 살펴보는 일이다. 정신이 게을러서는 이게 말처럼 쉽지 않을 수 있다. 왜냐하면 이런 노력은 하기도 쉽지만 안 하기도 쉽기 때문이다. 국가 예산이 집행되는 구조도 이와 유사하다. 수많은 유형의 국가 예산이 집행되고 있지만 해당되는 자격을 갖추고 있으면서도 본인이 잘 몰라서 그냥 지나쳐버리는 경우가 부지기수일 것이다. 대학생의 경우도 마찬가지다. 눈과 귀, 즉 레이더를 잘 세우고 있다 보면 국가나 기업이 제공하는 좋은 기회가 생각보다 많다는 사실을 이해할 것이다.

이런 기회를 잘 활용하는 것도 권리를 잘 찾아먹는 일이지만, 사실 더 중요한 것은 나에게 도움을 줄 수 있는 사람을 찾는 일이다. 대학생이 가진 가장 강력한 권리는 누구든 찾아갈 수 있다는 점에 있다. 말 그대로 배우는 사람이기 때문에 가능한 일이다. 돈벌이를 하는 사회인이 되면 누구를 찾아간다는 일이 매우 어렵다. 직장인이기 때문에 안 된다는 것이 아니라 명분이 약하기 때문에 용기를 내기가 어렵다는 의미다. 하지만 학생 신분으로 어떤 저명한 학자나 기업인을 만나보는 일은 그다지 어렵지 않다고 본다. 다만 만나기까지의 형식이 중요하다. 아직 학생이기 때문에 사회에서 요구하는 비즈니스 매너나 교양이 부족할 수 있다. 그래서 겁이 나기도 하고 무시당할 가능성이 먼저 떠올라 시도조차 하지 않는 경우가 많다. 하지만 이는 자신의 정당한 권리를 버리는 행위이다.

그런데 왜 훌륭한 사람을 찾아가는 일이 대학생이 가진 가장 강력한 권리일까? 세계적인 마케팅 거장 잭 트라우트^{Jack Trout}가 쓴 책 중에『호스센스^{Horse sense}』가 있다. 주제는 '성공에 있어 무엇이 가장 중요한가'이다. 간단히 정리하면 '본인의 힘만으로는 성공하는 데 한계가 있고 자신을 성공으로 이끌어줄 수 있는 말^{Horse}을 잘 골라 타라'는 것이다. 최고의 말은 부모님이고 그 다음은 배우자, 그 다음은 직장상사 순으로 내려간다.

이는 무엇을 시사하는가? 결론은 간단하다. 나에게 도움을 줄 수 있는 사람과 인연을 맺을수록 성공 확률이 높아진다는 것이다. 대학생에게 도움을 줄 수 있는 사람은 무척 많다. 가깝게는 주변 교수님에서부터 자신이 가고자 하는 산업에서 영향력이 있는 인물, 혹은 세미나에 참석하는 세계적인 석학 등 상상력을 동원하면 성공한 사람들이 무수히 존재한다. 문제는 그 사람과 내가 인연을 맺는 전략이다.

어렵게 생각할 필요는 없다. 예컨대, 종강 후 교수님에게 진심으로 쓴 감사의 이메일을 드리는 방법도 있다. 단순히 좋았다거나 감사했다고만 하면 그 교수님으로부터 답장받는 정도로 관계가 마무리될 가능성이 크다. 자신에게 도움을 줄 수 있는 교수님이라면 일종의 '끈'을 만든다는 개념으로 생각해보자. 만일 학기 중 수업 때 자신이 교수님에게 특별한 인상을 주지 못했다면 그 교수님은 본인을 잘 모르고 있을 수 있다. 이런 경우 이메일로만 관계를 강화하기는 현실적으로 어렵다. 따라서 수업을 들

나만의 콘텐츠로 싸워라

으면서 자신의 직업탐색 과정에 수업의 어떤 부분이 유용했는지, 혹은 어떤 주제에 새로운 관심이 생겼는지를 설명하면서 좀 더 도움을 받기 위해 교수님께 면담을 요청해볼 수 있다. 프로젝트나 외부 활동 등으로 정말 경황이 없는 경우가 아닌 이상 대다수 교수님들은 환영할 것이다. 이런 인연의 고리를 만들어두면 이후 그 내용을 기반으로 이메일도 쉽게 주고받을 수 있고, 필요 시 추가적으로 면담도 가질 수 있다.

또한 세미나에 참석하는 석학의 저서를 미리 구입한 뒤 강연이 끝난 후 만나보는 전략도 생각해볼 수 있다. 사인만 요청하지 말고 그 석학의 학문적 성과에 대한 자신의 관심을 간단하게 설명하고 자신이 공부하다가 궁금한 부분이 있으면 이메일을 해도 될지 과감하게 물어보는 것이다. 석학들 중에는 바쁜 일정으로 이런 요청을 난처해하는 사람도 있겠지만 흔쾌히 그렇게 하라고 하는 쪽이 더 많다. 사실 한 분야에서 저명한 석학과 이메일을 주고받는다는 것이 대학생 입장에서 부담도 되고 어떻게 커뮤니케이션해야 할지 막막할 수 있다. 그렇지만 일단 자신의 미래를 위해 무엇이 필요한지 어떤 책을 봐야 하는지 등 석학의 다양한 경험을 듣고 싶다고 해보는 것이다. 석학 자신의 경험을 묻는 유형이라면 답변에 필요한 시간도 적게 요구되고 답하기도 쉬운 만큼 서로에게 편한 커뮤니케이션이 될 수 있다. 만일 이런 경험을 실제로 해볼 수 있다면 그것 자체로 좋은 콘텐츠가 될 것이다.

나만의 콘텐츠로 원하는 회사 바로 간다

무한 변신이 가능한
나의 전공

지원하려는 회사나 업종이 자신의 전공과 거리가 멀어 고민하는 취준생들이 많다.
하지만 전공을 재해석해 자신만의 강력한 콘텐츠를 구축하고, 이런 콘텐츠를
중심으로 자소서를 작성할 수 있다면 오히려 취업의 문은 더 넓어질 것이다.

취업에 대비하여 자신의 전공을 재해석한다는 것은 매우 생소한 일로 느껴질지 모른다. 그런 방식으로 자신만의 강력한 콘텐츠를 구축할 수 있다고 생각한 적은 없기 때문이다. 하지만 생각만큼 어렵지는 않다. 몇 가지 프로세스만 이해하고 연습하다 보면 충분히 자기만의 흥미로운 콘텐츠를 만들 수 있다.

전공을 재해석하고 이를 취업에 활용하려면 네 단계가 요구된다.

첫째, 전공에서 몇 가지 요소들을 뽑아내야 한다. 쉽게 말하자면 나는 무슨 전공인 만큼 이것을 잘 이해하고 있다, 이것을 잘할 수 있다, 이런 소양을 갖추고 있다, 이런 잠재능력이 있다는 등의 내용을 정리하는 것이다.

둘째, 그 요소들로 현실에 접목시킬 수 있는 분야를 탐색해봐야 한다. 만일 영문학과 출신이라면 문학이라는 큰 단어보다는 '전쟁'과 같은 구체적인 주제를 붙잡는 것이 좋다. 인류의 역사는 전쟁의 역사라고도 하지 않았던가. 전쟁 문학에 심취하다 보니 자연히『군주론』,『손자병법』,『종교문학』,『인간다운 삶』등과 같은 주제들로 관심이 옮겨갈 수 있다. 이런 주제들에 대해 공부하다 보니 힘든 상황에 놓인 사람들에게 힘과 희망을 주는 일이 가장 가치있게 여겨져 동아리 활동도 그런 방향으로 하게 되었다고 할 수 있다. 또한 상대방을 지혜롭게 이기는 전략의 중요성을 이해하게 되면서 아르바이트 활동도 마케팅과 홍보 분야에 집중해서 했다고 할 수 있다. 영문학과 출신이지만 이런 콘텐츠만 갖고서도 이미 지원 분야가 확 넓어졌음을 이해할 수 있다.

셋째, 접목시킬 수 있는 분야를 발견했으면 다음은 해당 분야에 대한 자료를 수집하고 학습하는 일이다. 자신이 취업하고자 하는 분야에 도전하기 위해서 자신의 전공 이외에 개인적으로 어떤 노력이 필요한지를 정리해보는 것이다. 취업에 당면한 경우라면 자신이 그동안 해왔던 각종 활동들과 스펙들을 포인트에 맞게(사후적이긴 하지만) 결합시켜보면 된다. 1년 이상의 시간적 여유를 갖고 준비하는 경우가 아니고 또한 취업에 유리한 학과가 아닌 경우라면 이런 사후적인 방식을 통해서라도 자신의 스토리 라인을 구성해봐야 한다. 물론 아무런 근거도 없이 그렇게 할 수는 없다. 하지만 세상일은 해석하기 나름이다. 과거의 어떤 활동을 어떻게 해석하는가는 자유이며 자신의 몫이다.

넷째, 앞에서 만들어진 내용들을 자소서와 면접에 대비한 콘텐츠로 활용하는 것이다. 상경계에 비해 취업이 상대적으로 어려울 수밖에 없는 서양사학과의 경우를 가정하고 위 네 가지 단계를 함께 연습해보자.

우선 서양사학과라는 전공에서 뽑아낼 수 있는 요소들은 다음과 같다. ● 서양의 역사에 대해 남들보다 구체적으로 이해하고 있다. ● 국가 간 문화적 차이에 대한 이해도가 높다. ● 해외 현지인들과의 소통 능력이 높다. ● 기독교, 이슬람교 등 종교적 차이에 대한 이해도가 높다. ● 언어 능력이 높은 편이다. ● 서양인의 마음을 빨리 읽을 수 있다. ● 해외시장에서 일할 수 있는 능력이 있다. ● 글쓰기 훈련이 잘되어 있다. ● 유럽과 미국의 사회 및 시사 문제에 평소 관심이 높다. 이외에도 여러 요소들을 열거할 수 있다.

그다음 할 일은 이런 요소들을 현실에 접목시킬 수 있는 분야를 탐색하는 일이다. 생각해보면 ● 자동차회사의 해외 마케팅 직무 ● 유럽여행 코스 설계 직무 ● 광고회사의 글로벌 광고제작 업무 ● 방송사 해외 다큐멘터리 제작 업무 ● 항공사 국제노선 전문 승무원 ● 금융회사 해외 프로젝트 개발 업무 ● 종합상사 유럽 영업 분야 ● 게임업체 게임 기획 업무 등을 겨냥할 수 있다.

이제 해당 분야에 대한 자료 수집과 학습 노력이 필요한 단계다. 여기서는 위에 열거된 분야 중 글로벌 광고제작자의 경우를 가정해보겠다.

글로벌 광고제작자로서 요구되는 자질은 ● 다른 문화에 대한 이해 능력 ● 해외에 론칭할 광고가 해당 국가의 문화와 상충되는지 여부 체크 능력 ● 광고업 특성상 현지 스태프들과의 의사소통 부분 ● 글로벌 협업 구조상 불가피한 시차 극복 문제 ● 체력적인 문제 ● 개성 강한 팀원들과 비용을 집행하는 재무부서와의 커뮤니케이션 능력 ● 아웃소싱 능력 ● 광고주를 리드할 수 있는 식견 ● 광고를 수주할 수 있는 PT 능력 ● 국제 시사 이슈나 환율 흐름에 대한 기본 이해 등 여러 가지가 열거될 수 있다.

여기까지 정리된 다음에는 그런 자질을 배양하기 위해 자신이 어떤 노력을 할지에 대한 판단이 필요하다. 취업 준비기간이 넉넉한 경우라면 계획을 세워서 실행해나가면 될 것이고, 당면해 있는 경우라면 자신의 경험과 활동들을 논리적으로 타당하게 적용시켜야 한다. 아무튼 위에 열거된 자질을 위해서는 ● 서양, 중국, 이슬람 등의 역사·종교적 배경에 대한 기초 공부 ● 광고에 있어서 문화와 종교의 중요성에 대한 최소한의 이해 ● 해외 광고시장의 최근 동향 파악 ● 국내외 광고계의 거물급 인사에 대한 파악 ● 광고업계에서 자주 사용하는 용어들에 대한 이해 ● 광고주를 감동시킬 수 있는 PT 능력 개발 ● 카피 작성 훈련 ● 해외 온라인 광고시장에 대한 이해 ● 디지털 광고시장의 흐름에 대한 이해 ● 하루 20시간 일할 수 있는 능력 단련 ● 일주일 단위로 국내외 시사 잡지 챙겨보기 ● 공휴일에도 즐겁게 일하는 습관 기르기 등의 노력 등이 뒷받침되면 좋을 것이라 생각된다. 이 모든 것을 다 준비할 수 있으면 좋겠지만 현실적으로 어려우므로 두세 개 정도만이라도 자신의 것으로 만들어보기를 바란다.

이렇게 해서 콘텐츠를 갖추면 이를 가지고 자신의 지원동기와 장단점, 그리고 향후 포부의 뼈대를 잡아볼 수 있다.

먼저, 지원동기는 다음과 같은 내용이 될 수 있다. ● 문화 콘텐츠가 광고제작에 매우 중요하다는 점을 이해하면서 서양사학과 전공이지만 광고산업에 관심을 갖게 되었다. ● 살펴보니 세계적 광고제작자들 상당수가 고고학, 인류학, 순수인문학 전공자더라. ● 모티베이션을 갖게 되면서 학부 공부와 함께 해외 광고제작 전문가의 꿈을 가졌다. ● 그런데 해외 광고제작을 위해서는 높은 문화적, 종교적 이해도가 필요하다고 생각되어 서양의 기독교 문화와 이슬람 문화에 대한 공부에 집중하였고, 대내외 활동도 이와 관련된 것들이 많다. ● 요즘은 커지고 있는 중국시장에 대비하고자 중국의 역사와 문화에 대한 공부도 챙기고 있다.

자신의 장단점에 대해서는 다음과 같이 정리할 수 있다. ● 콘텐츠 설계 능력, 제작기간 단축 능력, 체력적인 부분, 해외 광고시장에 대한 이해력 등은 누구보다 경쟁력이 있다고 생각한다. ● 다만, 미디어 전공자가 아니라는 약점이 있다. 이를 보완하기 위해 관련 독서, 세미나 참석, 전문가들과의 교류 활동, 주제 탐구능력 등 개인적인 노력은 부끄럽지 않을 정도로 해오고 있다.

그리고 마지막으로 향후 포부에 대해서는 ● 미디어 관점에서의 광고가 아니라 인문학 관점에서의 감성적 광고로 이 분야의 전문가가 되고 싶다.

나만의 콘텐츠로 싸워라

● 한국의 문화적 강점을 글로벌 광고에 접목시킬 수 있는 전략을 개발해 보고 싶다. ● 최근 인문학에 관심이 높은 CEO들이 많아지고 있어 나의 전공의 이점을 살려 일할 수 있다. 남들보다 무한한 광고 수주 잠재력과 높은 성장 가능성이 있다고 생각한다.

이와 같은 연결점을 찾고 행동하기란 적지 않은 노력이 요구되지만, 이런 콘텐츠를 중심으로 자소서를 작성할 수 있다면 취업의 문은 더 넓어질 것이다.

남과 다른
나를 뽐내라

세상에 똑같은
성장과정은 없다

자소서의 첫 항목인 성장과정은 지원자의 첫인상과 같다. 장황하게 일화를 소개하는 것은 절대 금물이다. 성장과정에서 어떤 역량을 키워온 사람인지 나만의 관점과 스토리로 인사담당자에게 흥미롭게 보여주자.

자소서 첫 항목은 대개 성장과정으로 시작한다. 1,000자 이상 요구하는 경우는 거의 없고 100자 내외가 많다. 많은 분량이라고 할 수는 없지만 그렇다고 전략 없이 썼다가는 낭패를 당하기 십상이다. 자소서 심사를 담당하는 사람이 처음 읽는 부분이므로 지원자의 첫인상과 직결되기 때문이다. 무수히 쌓여 있는 자소서와 별반 다르지 않다면 이미 그 자소서는 위험해졌다고 해야 할 것이다.

첫 항목이고 이미지와도 직결되는 부분이므로 지원자는 성장과정 항목의 핵심이 무엇인지 알아야 한다. 우선 무엇이 성장과정을 비슷하게 만들고 있는지 하는 점이다. 눈치 빠른 사람은 이미 예상하겠지만 부모

나만의 콘텐츠로 원하는 회사 바로 간다

님이 예외 없이 등장한다는 것이다.

부모님을 먼저 등장시키고 그들이 나에게 어떤 가르침을 주었는지를 설명하는 방식은 너무나 일반적이라 강한 어필이 어렵다. 성장과정에서 부모님을 소재로 하는 부분은 불가피성이 있다고 해도 도식적인 흐름을 잘 비틀어주는 전략이 필요하다. 즉 부모님을 주어로 삼더라도 변주곡을 잘 만들어야 작품이 된다는 거다.

조선시대 최고의 서예가 한석봉과 그의 어머니 일화를 보자. 어려서부터 서예에 뛰어난 능력을 보인 한석봉을 큰 인물로 키우고자 어머니는 그를 절로 보낸다. 어머니가 보고 싶어진 한석봉은 절에서 나와 집으로 간다. 더 이상 공부할 것이 없어 집에 왔다는 그의 말에 한석봉의 어머니는 불을 끈 뒤 아들에게는 글을 쓰게 하고 자신은 떡을 썬다. 불을 켜고 비뚤비뚤하게 쓰인 자신의 글과 가지런하게 썰린 어머니의 떡가래를 본 한석봉은 크게 반성하고 이후 정진을 거듭하며 조선 최고의 문필가로 성장한다.

한석봉이 현 시대로 와서 취업문을 두드리고 있다고 가정하고, 그가 자신의 성장과정을 작성한다고 해보자. 어떻게 써야 확 와 닿을까? 만일 한석봉이 '저는 엄한 어머니 밑에서 꾸준한 연습의 중요성을 배웠습니다'라고 시작한다면 김이 싹 빠져버린다. 사실관계는 맞지만 어머니가 가르쳐 주었다는 흐름이 식상한 느낌을 주고, 어머니를 글 전체의 중심에 두어 자신의 성장과정을 작성하라는 요구에 어머님이 어떤 분인지를 설명하

남과 다른 나를 뽐내라

고 있는 것처럼 되어버린다는 거다.

　연습의 중요성을 배웠다고 서론을 꺼내면 그 다음 내용은 거기에 해당하는 일화가 나올 것이고, 글의 말미는 연습의 중요성을 다시 강조하는 메시지로 마무리될 것이다. 그러면 읽는 사람은 하나의 일화로만 인식하지 남다른 성장과정과 거기서 어떤 역량을 갖추게 된 사람인지를 판단할 근거가 부족해진다. 한석봉 일화만큼 흥미롭기도 어려운데 기술 전략도 없다면 너무 평범해지고 말 것이다.

　이런 구조에서 벗어나려면 우선 자신이 어떻게 성장했고, 거기에 어떤 성숙과정이 있었는지 스스로 돌아보는 일이 선행되어야 한다. 만일 한석봉이 성장과정을 작성하면서 '엄한 어머니' 대신에 '교만함'이라는 단어를 선택한다면 어떻게 되는지 보자. 예컨대, '타고난 재주를 평범하게 하는 지름길은 교만함에 있다는 삶의 철학을 갖고 있습니다'와 같이 첫 문장을 시작해보면 어떨까. 자꾸 엄한 어머니를 주절주절 설명하려는 듯한 전형적인 스타일에서 탈피하여 자신의 오늘을 있게 한 밑바탕을 보여주려는 느낌을 주기 때문에 인사담당자로서는 신선하게 느낄 수 있다.

　'교만함'이라는 주제를 던지고 난 다음 어머니와의 일화를 간단히 소개하는 정도는 괜찮다. 절대 장황하게 소개하는 것은 금물이다. 한두 줄 정도면 인사담당자는 무슨 얘기를 하려는지 바로 안다. 간단한 일화 소개가 끝나면, 평소 교만하지 않기 위해 수십 번도 더 읽은 고전을 소개하거나, 자기만의 기도법 혹은 생활습관 같은 것을 설명할 수 있다. 이런 자신만의 특별한 습관이나 행동이 취미와 특기 같은 영역으로 발전한 내용이 있다면 성장과정의 후반부 내용으로 더할 나위 없다.

취준생 멘토링 과정에서 자주 목격하는 전형적인 성장과정의 예를 보자. 참고로 이번 장에서는 자소서 항목에 대해 수정 전과 수정 후의 예들을 제시하고 있는데 각각의 분량이 정확히 일치하지는 않는다. 수정 전의 사례는 대체로 시각이 단조롭고 사건 열거식의 내용이라는 점을 보여주기 위한 것으로 수정 후 내용과의 분량 비교는 의미가 없다.

1. 어린 시절 아버지께서 달리기를 시키셨다.

2. 강제적으로 시작하게 되어 즐거움은 몰랐지만 강한 체력과 지구력을 얻을 수 있었다. 이를 바탕으로 성공적인 학창시절을 보낼 수 있었고, 일의 목표를 설정하고 성취감을 얻을 줄 아는 목표의식도 갖게 되었다.

3. 이후 성인이 되어 스스로 원하는 목표를 세우고 도달해가는 자세를 갖게 되었다. 대학생이 되어 보다 넓은 세계를 느끼고 싶어 교환학생에 도전했는데 다양한 친구들과 어울릴 수 있는 융통성도 길렀다.

4. 이처럼 달리기를 통해, 어떤 일을 할 때 목표를 설정하고 그 과정을 즐길 줄 아는 사람이 되었다. 앞으로도 꾸준히 노력하여 내적 발전을 이루겠다.

원문은 600자 분량이지만 불필요한 내용을 잘라내고 내용의 줄기만 정리해본 것이다. 여기서도 아버지가 등장하여 자신에게 무엇을 시키거나 가르쳐주었다는 내용으로 시작한다. 그리고 그 일을 수행하면서 느끼거나 얻어진 무엇을 소개하면서 거대담론에 가까운 일반적 메시지를 열거

남과 다른 나를 뽐내라

하는 구조로 흘러간다. 후반부에는 같은 맥락에서 앞으로의 마음자세나 다짐을 보여주면서 글을 맺고 있다.

앞에서도 여러 차례 거론하였지만 당연한 주장은 메시지가 되기 어렵다. 메시지가 메시지답게 느껴지도록 하려면 문제의식과 관점이 결합되어야 한다. 달리기를 하면서 목표를 설정하는 습관을 갖게 되었다는 논리 구조가 허약하다는 거다. 달리기나 목표 설정 자체는 좋은 재료임에는 분명하다. 하지만 달리기와 목표 설정을 일차방정식처럼 배열하면 허전해진다.

달리기에 문제의식이나 관점을 어떻게 넣을지 생각해보자. 먼저, 달리기를 물리적인 운동으로만 인식하지 않으려는 자세가 중요하다. 달리기를 통해 건강도 얻겠지만 개인에 따라서 정말 중요한 것은 번뜩이는 아이디어나 영감일 수 있다. 머리 아픈 문제가 있을 때 달리기 활동을 통해 솔루션을 얻는다면 그 어떤 것보다 좋은 묘약이다. 직장생활을 하다 보면 얼마나 골치 아픈 일들이 많이 발생하는가. 이럴 때 건전한 방법으로 활력을 유지할 수 있는 조직원이라면 모든 기업이 기대하는 인재상에 부합한다. 즉 성장과정에서 달리기란 소재를 갖고 설명하는 것이지만 적절한 문제의식과 관점이 결합되면 설득력을 크게 높일 수 있다. 앞의 성장과정을 다음과 같이 재구성해보면 어떨까.

1. 습관이자 특기처럼 돼버린 '30분 달리기'는 아버지로 인해 시작했지만 내 삶의 실타래를 풀어주는 만능키다.

2. 육체적인 건강을 얻는 이로움도 있지만 잘 풀리지 않는 복잡한 문제에 직면했을 때 달리기만큼 유용한 것이 없다.

3. 책상에 앉으면 지식은 쌓을 수 있지만 번뜩이는 아이디어나 영감을 얻기는 어렵다. 이럴 때 해법은 몸을 바삐 움직여 땀을 빼는 거다. 달리기를 한 30분 하다 보면 '이렇게 하면 되겠다' 하는 지혜로운 생각이 잘 떠오른다.

4. 달리기의 이런 가치를 알게 되면서 왜 성공하는 사람들은 산행이나 신체를 움직이는 운동을 즐기는지 조금은 이해된다.

5. 삶이란 균형 잡힌 양 날개를 갖고 있어야 높이 날 수 있다는 시각을 갖게 되었다. 리스크란 것도 한쪽만 쳐다볼 때 발생하기 쉽다고 생각한다. 당연히 몰입하는 자세를 갖되 균형을 잃지 않는 감각이 함께할 때 더 좋은 결과로 이어진다고 생각한다. 합격한다면 출근 첫날 꼭 새벽 30분 달리기를 하면서 미래의 나를 그리고 싶다.

이제 아버지로 인해 시작했다는 표현이 있긴 하지만 주제는 아버지가 무엇을 시켰다는 것이 아니다. '달리기가 내 삶의 만능키'라는 메시지, 즉 달리기를 보는 시각이지만 아무나 그렇게 표현하지는 않는 자기만의 문제의식을 던지고 있다.

또한 육체적인 이로움의 가치도 알지만 풀리지 않는 복잡한 문제에 직면했을 때 달리기가 어떤 가치를 주는지에 대한 시각을 보여주고 있다. 성장과정이라고 해서 과거부터 현재까지 성장에 해당하는 것만 찾으려 하지 말고 자신만의 시각으로 글을 전개^{Developing}시키는 흐름이 보이도록 하는 것이 포인트다.

글의 중반부에서는 책상머리에서 얻는 것과의 비교, 성공한 사람들의 특징 등을 통해서 달리기의 가치를 논리적으로 더 강화하고 있다. 달리기의 가치에 대한 1차적인 시각에서 한 단계 더 나아가고 있음을 알 수 있다. 인사담당자들도 이런 논리에 크게 공감할 것이다. 면접 자리에 앉아 있는 사람들이라면 나름대로 성공한 삶을 살아왔을 것이고 젊은 후배들에게 이런 삶의 지혜로운 관점을 일깨워주고 싶어 하기 때문이다.

마지막은 달리기를 통해 자신이 어떤 성장을 해왔는지를 보여주는 대목이다. 아버지로부터 달리기를 배운 것이 건강에도 좋고 목표를 설정하고 도전하는 습관을 갖게 되었다고 단순히 주장하는 것보다는 삶에 대한 자신의 구체적인 시각을 보여줌으로써 밀도감 있는 성장과정과 그렇게 해서 만들어진 현재의 역량을 보여줄 수 있다.

그래서
뭘 했는지 써라

글의 실마리가 꼬일 때 유용한 방법은 자신의 주장을 뒷받침할 수 있는 근거 행동을 찾아보는 것이다. 자소서에 이런 근거가 되는 행동을 적절하게 넣어 설명하는 것은 알고 보면 별것 아니지만 자소서의 완성도를 높이는 가장 큰 역할을 한다.

자소서를 작성하다 보면 글의 재료는 어느 정도 갖추었지만 논리적으로 전개하는 것이 어려울 때가 많다. 어떤 주장을 한 다음 내용이 막막하거나 글이 식상하게 전개되는 느낌이 들면 두세 줄 쓰고는 이내 지우는 일을 반복하게 된다. 글의 실마리가 꼬일 때 유용한 방법은 자신의 주장을 뒷받침할 수 있는 근거 행동(혹은 행적)을 떠올려보는 것이다. 자소서 중 성장과정에 자주 등장하는 책임감을 예로 설명해보자. 자신이 누구보다 책임감이 강하다는 주장이다.

1. 부모님이 어릴 적 반려견을 돌보는 일을 맡겼다.

남과 다른 나를 뽐내라

2. 어느 날 산책을 나갔다가 하마터면 교통사고가 날 뻔했다.

3. 이때 책임감이라는 것을 느끼게 되었고, 이후 모든 일에 책임감을 갖고 임하게
   되었다.

4. 이를 바탕으로 학우들과의 과제수행이나 동아리 활동에서도 더 책임감 있는 행
   동을 하게 되었다.

과거 면접위원 때의 경험을 돌이켜보면 성장과정에 가장 흔하게 등장하는 단어 중 하나가 바로 '책임감'이지 싶다. 무엇을 맡겨주면 책임감을 갖고 일하겠다는 뜻인 만큼 성장과정으로 쓰기 좋은 주제인 것은 맞다. 다만 부모님과의 관계 설정, 즉 어떤 미션을 주고 그것을 수행하면서 책임감을 길렀다는 식으로 설명하기 쉽다는 점이 함정이다. 그럼 자소서에 단골 메뉴로 등장하는 '책임감'이라는 단어를 어떻게 풀어가야 인사담당자가 "옳거니!"라고 할지 살펴보자.

우선, 근거가 되는 행동은 자신이 반려견을 제대로 돌보지 않으면 사고의 위험이 있다고 자각한 것이 책임감이며, 이를 계기로 항상 책임감 있는 행동을 하려고 했다는 것이다. 내용적으로는 책임감을 설명하는 내용이 맞다. 하지만 책임감이라는 단어를 쓴 것으로만 끝나고 있다.

책임감의 중요성을 느꼈다면 그 이후의 행동들에 대해서도 보충설명이 필요하다. 책임감이 말로만 끝나는 것이 아니라 어떤 행동을 했는지에 대한 근거가 있어야 자신의 주장을 강화할 수 있다. 예컨대, 그날 이후 반려견을 위해 잠금과 풀림 장치가 있는 목줄을 찾기 위해 온갖 제품들

나만의 콘텐츠로 원하는 회사 바로 간다

을 비교분석하게 되었는데, 그 과정에서 리서치의 중요성과 즐거움까지도 알게 되었다고 해보자. 근거 행동을 보여주기도 하지만 만일 지원자가 기획이나 마케팅 파트에 지원하는 경우라면 간접적으로 직무역량을 보여주는 기술이 된다.

학우들과의 과제 수행 프로젝트도 책임감을 갖고 최선을 다하려 했다는 식의 일반적인 설명보다는 팀 모임 때마다 30분씩 일찍 도착해 주변을 정리하고 책상을 재배치하는 등 모두가 효율적으로 일할 수 있도록 했다거나, 모임이 끝난 후에는 당일 진행된 내용을 꼼꼼히 정리해서 이메일로 팀원들과 공유하려 했다는 등의 책임감을 보여주는 구체적인 근거 행동을 써주는 것이 좋다.

과외 경험을 소개하면서 책임감을 언급하는 경우도 많은데, 만일 6개월간 중학생 과외지도를 하면서 책임감을 길렀다는 주장은 다음과 같이 접근하면 된다. 6개월간의 짧은 과외지도 경험이었지만 학생의 성적 향상을 위해 본인만의 지도 노트를 작성하고 수시로 해당 학부모와 공유하려는 노력을 했었다는 간단한 에피소드를 넣어주는 것이다.

인사담당자는 지도 노트를 작성한 것과 학부모와 공유하려는 노력을 두고 지원자가 책임감 있는 사람이고, 그것이 채용된 뒤 부서 내에서 일할 때의 태도라고 인식할 수 있다. 의외로 자소서에 이런 근거가 되는 행동을 적절하게 넣을 줄 아는 취준생들이 드물다. 알고 보면 별것 아니지만 자소서의 완성도를 높이기 위해서는 정말 중요한 요소다.

남과 다른 나를 뽐내라

나만의 관점으로
같은 것도 다르게 포장하라

차별화된 자소서를 만들기 위한 핵심 무기는 자신만의 관점을 보여주는 콘텐츠다.
기상천외한 스토리를 만들라는 것이 아니라 평범한 소재와 주제라도 관점을 넣으면
흥미롭게 만들 수 있다.

이제부터가 정말 중요한 단계다. 근거 행동을 적절히 넣어주는 것은 그나마 일정 수준을 맞추기 위한 것이지 남과의 확실한 차별성까지는 아니다. 차별화의 핵심은 자신만의 관점을 보여주는 것이다. 다시 언급하지만 대부분의 자소서는 이 부분이 취약하다. 인사담당자는 지원자의 역량을 판단하는 데 있어 지원자의 참신한 시각을 중요하게 여긴다.

앞에서부터 일관되게 강조하고 있는 바이지만 핵심은 남들과 비슷한 주장이더라도 자신의 시각으로 재해석해서 새로운 생명력을 불어넣어주는 것이다. 다소 거창한 표현처럼 되어버렸는데, 관건은 맥락이 통하는 관점을 적극적으로 생각하거나 찾는 데 있다. 박용후의『관점을 디자인하라』

는 책이 대학가에서 관심을 받았던 것도 이런 이유에 있지 않나 싶다.

하지만 어떤 주제에 대해 자신만의 관점을 가진다는 것이 쉽지는 않다. 지원서류 제출을 얼마 남겨두지 않은 상황에서 관점을 가지기 위해 무엇인가를 공부하라는 것은 절대 아니다. 다만 관점이 들어가면 무엇이 달라지고 어떤 반응을 이끌어낼 수 있는지만 알아보자.

좋은 관점이 들어가 있으면 "이 친구 덕분에 나도 한 수 배움이 있는데!" 하는 인사담당자의 반응이나 공감을 얻을 수 있다는 것이다. 기상천외한 스토리를 만들라는 것이 아니라 평범한 소재와 주제라도 관점을 넣으면 이야기가 흥미롭게 만들어질 수 있다. 이 정도만 해도 취업 성공의 9부 능선은 넘었다고 할 수 있다.

그러면 책임감이라는 주제를 갖고 관점을 어떤 식으로 만드는지 함께 살펴보자. 일단 관점은 문제의식과 사촌지간이라는 점을 꼭 기억하기 바란다. 1장에서 문제의식은 대상에 대해 과연 이것이 무엇을 의미하는 것인지 혹은 늘 이렇게 생각하는 것이 옳은 일인지 등과 같은 '질문을 던져보는 일'이라고 했다. 즉 당연한 것을 당연하지 않을 수 있다는 시각으로 의식적으로 바라보는 일인데, 관점이라는 것은 바로 대상을 문제시해서 바라볼 때 도출되기 쉽다.

관점을 얻기 위해 할 일은 먼저 그 대상을 문제투성이로 만드는 일이다. 가장 쉬운 방법은 그것이 왜 중요한지를 물어보는 것이다. 즉 무엇을 했다고 하면 "그렇게 한 것이 왜 중요하지" 하고 질문을 던져보는 거다.

남과 다른 나를 뽐내라

그다음에는 "왜 그렇게 생각하지", 그리고 "그런 행동을 한 것이 과연 무엇을 의미하지" 등 연속해서 질문을 던지고 답을 찾는다. 이 과정 속에서 관점이 생겨난다.

한 가지 더 강조하자면 기업에 제출하는 자소서인 만큼 문제의식과 관점이 조직생활과 연계되도록 하는 것이 중요하다. 개인적인 삶에만 그치지 말고 조직생활을 하는 데 있어 그런 소양들이 왜 중요한지 연결해보라는 것이다.

우선 책임감이라는 주제와 관련해서 문제의식을 던져본다. 책임감이 조직생활의 어떤 측면에서 중요한지, 그리고 자신의 삶에 어떻게 적용되고 관리되어야 하는지 정도면 충분하다. 그런 문제의식을 던지고 난 다음 어떤 관점을 얻을 수 있는지 보자. 참고로 아래 내용들도 온라인이나 여타 관련 서적들을 참고해 정리한 것이다. 어차피 정답은 없다. 나름대로 설득력이 있다고 생각되는 내용들을 자신만의 관점이 담긴 콘텐츠로 만드는 것뿐이다.

첫째, 조직의 관점에서 보면 책임감은 불확실하거나 불안한 상황에서 리더에게 가장 요구되는 소양이라는 사실이다. 리더가 어떤 중대한 이슈에 대한 판단을 유보하거나 방기한다면 조직은 계속되는 불안감에서 벗어날 수 없을 뿐더러 조직원 누군가에게 무한한 부담을 주는 결과를 초래할 수 있다. 책임감이 있는 사람이라면 미루지 않는 자세를 지녀야 하며, 이슈가 발생했을 때 즉각적이고도 확실한 대응으로 조직의 리스크를 최소화하려고 할 것이다. 이런 측면을 이해했다면 지원자가 성장과정에서 굳이 부모님을 등장시키지 않더라도 단체활동이나 특정 동아리 활동만으로도 이런 관점을 드러낼 수 있을 것이다.

앞의 예처럼 자신이 반려견을 돌보는 일을 통해 책임감을 기르게 되었다고만 할 것이 아니라 책임감이란 이런 측면이 있는 것 같다는 식으로, 책임감을 바라보는 자신의 시각을 가볍게 결합시켜준다. 즉 위험한 상황을 겪고 난 후 반려견을 잘 살피기 위해 어떤 조치(즉 판단)를 취했듯이 자신이 어떤 조직에 속하게 될 때마다 항상 자신의 위치에서 어떤 판단이 필요한지를 먼저 살피려는 노력을 하게 되었고, 그런 노력은 미래에 자신이 조직의 리더 위치에 갔을 때도 조직에 신뢰와 안정감을 줄 수 있는 소양이라는 식으로 관점을 넣어준다.

둘째, 책임감은 행복한 삶을 추구하는 데 매우 중요하게 요구되는 소양이라는 점이다. 루소의『에밀』에는 다음과 같은 구절이 나온다. '자식을 불행하게 만드는 가장 확실한 방법은 언제나 무엇이든 손에 다 넣어주는 일이다.' 원하는 것을 쉽게 얻을 수 있다는 생각을 가진 사람은 절박함이 있을 리 만무하다. 노인이 아닌 젊은이에게 절박함이 결여되어 있다면 청춘의 시기에 무엇을 찾아볼 것이며 무엇을 탐구해보려 하겠는가. 어느 정도 결핍된 환경 속에서 자란 사람이 작은 일도 소중하게 생각할 것이고 바로 이런 부분이 책임감과 연결될 수 있다.

뭐든지 흔하면 소중함을 느낄 수 없고 부족하면 소중하게 다룬다는 점이 이해된다면 행복의 본질도 여기서 비롯된다는 점에 공감할 것이다. 즉, 자신의 성장환경이 상대적으로 유복하지 못했다면 이런 관점을 활용하여 자신을 책임감이 강한 사람이라고 강조할 수 있다. 자신의 어려웠던 가정환경이 오히려 자소서상으로는 훌륭한 스펙으로 거듭날 수 있는 것이다.

자신은 장난감을 원했지만 교육상 부모님이 무작정 사주지 않았다고 하지 말고 부모님이 충분히 사줄 여건은 되셨지만 뭔가 부족함을 알고 성장하도록 해서 자신의 삶을 행복하게 가꾸는 토대를 만들어주려 하셨다는 식으로 설명할 수 있어야 한다. 그래야 관점이 있는 자소서가 된다. 아래 자소서 샘플을 보자. 관점이 부족하면 보통 아래와 같이 작성된다.

1. 항상 그래왔듯이 내가 가장 존경하는 분은 부모님이다. 외동아들로 자랐지만 집안 형편이 그리 넉넉하지 못했기 때문에 두 분께서는 밖에 나가 일을 하셔야 했고 현재도 생업에 충실하고 계시다.

2. 그렇지만 부모님께서는 나 혼자서도 어떤 어려움이 닥치더라도 스스로 책임감을 갖고 헤쳐나가는 방법을 알려주셨고 몸소 실천도 하셨다. 이처럼 오늘날의 내가 있기까지는 외동이어서 나약한 마음을 갖지 않고 스스로 책임감을 갖고 실천하도록 염원하셨던 부모님의 가르침이 있었다.

3. 성장하면서 내가 해야 할 일들을 성실히 수행해왔고 어떤 역경도 책임감을 갖고 극복하면서 나름의 끈기도 기르게 되었다.

위의 내용에 관점을 넣어서 간단하게 재구성해보자.

1. 청소년 시기에 집안이 어려웠지만 나는 부모님이 가장 자랑스럽다고 자신있게 말하고 싶다.

2. 가정 형편상 스스로 문제를 해결하는 경우가 많았는데, 이런 것이 성인이 되고 나니 친구들에게 결여되어 있는 자립심과 책임의식을 길러주었다. 학기 초가 시작되면 등록금 부담이 항상 있었지만 부모님을 탓하기보다 파트타임 일을 하면서 스스로 돈도 벌고 노동의 가치를 이해하게 되었다. 상황을 어떻게 보느냐에 따라 마음의 태도도 180도 달라질 수 있다는 사실을 많이 체험해본 것 같다. 지금 생각하면 부모님은 내 인생의 가장 소중한 스승이다.

3. 하지만 더 중요하게 생각하는 부분은 나의 이런 성장 경험이 조직생활을 하는 데 있어 좋은 자양분이 될 수 있다는 것이다. 스스로의 결정에 대해 책임지는 자세를 갖게 되었지만 향후 크든 작든 한 조직의 리더가 되어 어려운 문제에 직면했을 때 판단을 미루지 않고 의연하게 대처해나갈 자신감이 있다는 점, 그리고 결핍의 중요성을 잘 알고 있기에 가족이나 조직에 늘 감사하는 마음을 갖고 생활해나갈 수 있기 때문이다.

앞의 내용은 근거가 되는 행동이나 관점이 결여된 채 의미 있는 메시지를 전달하지 못하고 있다. 좋은 말들은 많이 열거되어 있지만 관점이 들어 있지 않기 때문이다. 이와 비교해 아래의 내용은 부모님이 비록 경제적인 뒷바라지는 크게 못 해주셨지만 그런 환경이 자신의 인생관을 어떻게 변화시켰는지를 보여주는 근거를 제시하는 느낌을 준다. 마지막 부분에서는 자립심과 책임감에 대한 자신만의 관점을 보여주고 있다. 책임감을 바라보는 시각을 뒷부분에 적절히 가미함으로써 자신만의 콘텐츠가 깃든 성장과정을 작성한 것이다.

남과 다른 나를 뽐내라

사소한 일상을
회사생활로 연결하라

자신의 장점이 비즈니스 현실에 어떻게 적용될 수 있는지 보여줄 수 있다면 특별한 이유가 없는 이상 합격권이다. 인사담당자는 특별한 스토리보다는 일상의 소재나 주제에서 지원자의 경험과 고민을 알고 싶어 한다.

'정직'도 '책임감'과 더불어 자소서에 단골로 등장하는 소재다. 정직은 신뢰, 협동 등과 같이 기업의 인재상에 자주 등장하는 단어라서 취준생들이 꼭 챙기고 싶어 한다. 보통 자소서를 보면 아르바이트 경험을 통해 정직함을 어필하는 경우가 많은데 대부분 두 가지 프레임으로 구분된다.

첫째는 혼자 카운터를 맡았지만 일하는 내내 한 푼도 속이지 않았고 그런 점에 감동한 주인에게 많은 칭찬을 받았다는 흐름으로 가는 스타일, 둘째는 상품에 대해 질문해오는 고객들에게 유용한 정보를 전달해주려고 했고 이로 인해 다시 찾는 고객들이 많아졌다는 식의 흐름이다. 계속 지적하고 있지만 이렇게 일반적인 흐름으로 설명하면 자소서의 긴장감

나만의 콘텐츠로 원하는 회사 바로 간다

은 크게 떨어질 수밖에 없다.

흥미로운 내용이 되도록 하는 첫 번째 접근은 근거가 되는 행동을 많이 발굴해보는 것이다. 첫 번째 경우처럼 카운터를 맡았다면 스스로 회계처리를 정직하게 했다고 주장하는 것보다는 자신이 어떤 큰 실수를 하게 되었는데, 자신만 알고 있으면 주인은 모를 상황이었지만 솔직하게 얘기하고 그 금액만큼 일을 더 하겠다고 했다는 식이 가능할 것이다.

두 번째 경우처럼 고객들에게 정직하게 대해주었다는 주장도 좀 더 구체적인 근거 활동을 찾아 써볼 수 있다. 고객들이 잘 모르는 숨겨진 정보를 알려주는 것도 정직한 행동이 되겠지만, 고객이 가게에 들어설 때마다 인사를 크게 해서 대접받는 느낌이 들도록 하는 일을 습관화했다든지, 소액이라서 카드 결제를 미안해하는 고객에게 항상 인상을 밝게 하여 다시 오고 싶은 마음이 들도록 했다는 정도라면 정직함에 대해 뭔가 알고 있는 사람이라는 느낌을 줄 수 있다.

이런 근거 행동을 찾아보라는 것은 궁극적으로 비즈니스 마인드 소양을 어필하기 위해서다. 근거 행동을 거론하면서 자신이 주장하는 바가 비즈니스 현실에 어떻게 적용될 수 있는지를 보여주는 관점을 만들 수 있다면 특별한 이유가 없는 이상 합격권이다. 정직함을 주장하는 사례로 파악해보자.

정직은 우선 상대방의 관점에서 생각할 줄 안다는 것을 의미한다. 성경에는 '황금률The Golden Rule'이라 하여 "그러므로 무엇이든지 남에게 대접을 받고자 하는 대로 너희도 남을 대접하라"는 말이 있다. 이랜드그룹은 이를 경영 전반에 잘 실천하여 국내 최고의 기업이 되었다. 이랜드를 이끄는 CEO의 경영철학은 '돈을 벌려면 먼저 남이 덕 보게 해주라'는 것이다. 즉 소비자가 얻는 효용이 내가 얻는 가치보다 커야만 결국에는 돈이 따라오게 된다는 지론이다.

영업맨이라면 어떻게 하면 고객을 더 행복하게 해줄 수 있는지, 어떻게 하면 고객에게 더 많은 부가가치를 제공해줄 수 있는지를 항상 골몰한다. 바로 그것이 고객을 향한 정직한 마음일 것이다. 그러나 대부분 사람들은 항상 자신의 이익을 먼저 챙기려 하고, 자신이 먼저 대접받고자 하고, 자신이 먼저 성공하려고 한다. 이런 마음자세야말로 먼저 실패하는 지름길이 아닐 수 없다.

논어에는 '기소불욕 물시어인己所不慾 勿施於人'이라는 문구가 있다. 자기가 하기 싫은 일은 남에게도 하게 해서는 안 된다는 의미다. 동서양 모두 상대방의 관점을 먼저 생각해야 성공적인 삶을 살 수 있다는 점을 가르쳐 주고 있다. 위의 내용들이 정직이라는 것을 '고객의 입장에서 먼저 생각하는 자세와 일맥상통한다'는 점을 풀어나갈 때 인용할 만한 것들이다.

둘째, 정직하면 손해 보기 쉽지만 정작 결정적인 순간에는 정직으로 살아난다는 점이다. 솔직히 요즘 세상은 정직한 사람이 먼저 이익을 챙기지는 못하는 것 같다. 지금 우리 사회는 치열한 경쟁사회에서 생존하기 위해 남들보다 눈치가 빠르고 자기 잇속에 맞게만 행동하며 거짓말을 해

나만의 콘텐츠로 원하는 회사 바로 간다

서라도 능력을 보여야 한다는 통념이 만연해 있다.

하지만 자소서에 자신이 그런 사람임을 주장하는 얼간이는 없을 것이다. 현실과 배치되는 정직함을 모두가 자처하고 있다는 점이 어떻게 보면 참 아이러니하다. 마음속에는 이해관계를 따지는 약삭빠른 DNA가 심어져 있는데 자소서에는 자신이 정직하다고 주장하고 있다. 그렇다면 그런 사실을 인사담당자가 전혀 모르고 있을까? 아니다. 모르고 있을 리 만무하다. 정직함은 조직에서 정말 요구하는 인재상이 맞다. 그렇지만 이것을 테스트하기도 어렵고 그렇다고 무작정 믿어줄 수도 없는 노릇이다. 바로 이런 간극 때문에 지원자는 문제의식과 관점을 갖고 입사 후 조직 내에서 정직함이 어떻게 적용될 수 있는지를 조금이라도 보여줄 수 있어야 한다.

글로벌 명품브랜드 MCM사를 경영하며 2003년 CNN에서 '새천년 리더 New Century Leader'로도 선정된 바 있는 김성주 회장의 회고 인터뷰 내용 중 한 대목을 보자. 그는 1997년 IMF 위기가 닥치기 전 한 해외 브랜드를 들여와 명동에 매장을 세웠다가 외환위기로 인해 300억 원이라는, 당시 그 기업으로서는 생사가 걸릴 만큼 큰 금액을 날리게 되었다. 망하지만 않게 해달라는 절박한 기도로 하루하루를 견뎌내던 어느 날 명품브랜드 '구찌 Gucci'가 백기사로 등장하게 된다. 기존 거래관계에 있었던 구찌가 새로운 합작사업을 위해 MCM에 265억 원을 투자하기로 한 것이다. 까다롭기 그지없는 구찌의 회계사와 변호사가 한국에 와서 협상을 하는 과정에서

남과 다른 나를 뽐내라

MCM의 정직한 회계장부에 감동한 나머지 팬이 되어버린 것이다. 김 회장은 이 합작투자 건을 계기로 위기에서 벗어나게 되었다. 결국 남들은 쉽게 넘어가는 탈세의 유혹을 뿌리치고 정직한 회계장부를 작성해왔던 것이 회사의 존망이 걸린 위중한 시점에 회사를 살려낸 불씨가 되었던 것이다.

만일 정직함이 요구되는 직무를 지원하는 경우라면 이런 두 가지 시각 정도만 갖추더라도 큰 차별성을 만들어낼 수 있다. 다만 여기서 분명히 밝혀두고자 하는 점은 여기서 다뤄진 정직에 대한 관점을 절대적인 것으로 생각해서는 안 된다는 것이다. 취업을 준비하는 사람이라면 누구나 조금만 고민해보면 스스로 좋은 논리와 관점을 구축할 수 있다. 이제 다음과 같이 작성된 자소서 사례를 보자.

1. 나는 부모님으로부터 정직의 중요성을 배웠다. 7살 때 친구의 헤어핀이 예뻐 보여 그것을 갖고 집에 돌아온 적이 있었다. 새 핀이 생겼다는 생각으로 부모님께 자랑했는데 칭찬은커녕 따끔한 꾸지람을 들었다. 부모님은 잠깐 사람을 속이고 물질적 이득을 취하더라도 언젠가는 다 드러나게 된다고 엄히 훈계하셨다.

2. 그 후 초등학교 때 돈이 든 지갑을 집 앞에서 줍게 되었는데 부모님의 가르침이 기억나서 마침 주변에 있던 경비원 아저씨께 전해드렸다. 나중에 지갑을 찾은 주인이 나에게 고맙다는 인사를 하였고 태어나서 처음 나도 정직한 일을 했다는 기분이 들어 기뻤다. 경비원 아저씨는 지갑을 찾은 주인이 나에게 단돈 천 원도 사례하지 않는다고 분개했지만 전혀 신경 쓰이지 않았다.

3. 나 스스로 정직을 실천했다는 사실이 중요했고, 주변 친구들이나 가족들로부터

도 칭찬을 받으면서 마음이 매우 훈훈해졌다. 부모님으로부터 정직의 중요성에 대해 제대로 배우지 못했다면 어쩌면 그렇게 하지 못했을 일이었다. 사회생활을 함에 있어서도 나의 소중한 경험을 바탕으로 부모님의 가르침을 잊지 않고 정직함을 지키는 사람이 되도록 노력하겠다.

위와 같이 기술된 내용을 관점을 결합하여 재구성해보자.

1. 나는 어릴 적 몇 번의 일로 성공적인 삶에 있어 정직이 가장 중요하다는 사실을 경험했다. 유치원 때 친구의 헤어핀을 몰래 가져왔다가 부모님께 혼도 나봤고, 초등학교 때는 돈이 든 지갑을 주워 주인을 찾아주면서 보람도 느껴봤다.

2. 내 또래들도 흔히들 가졌을 법한 경험들이지만 나 나름대로 '몰래 이익을 취했을 때 얻어지는 것과 잃어버리는 것'에 대해 많은 생각을 해보게 되었다.

3. 정직한 행동으로 눈앞의 이익을 놓치는 경우도 있지만 이것이 오히려 나중에 더 큰 이익으로 나에게 돌아올 수 있음을 느꼈다. 내가 지갑을 찾아준 주인의 칭찬 한마디가 나를 더욱 책임감 있는 사람으로 만들어주었고 나 스스로도 긍정적인 자아상을 갖게 되었다. 또한 사소한 이해관계에 직면할 때마다 정직이 최선이라는 원칙으로 행동하다 보니 주변 사람들과의 친밀감도 더 단단해지는 것 같다. 특히 친구들 사이에서 과제 수행이나 대외 경시 프로젝트를 진행할 때 자연스레 리더 역할을 여러 차례 맡게 된 것도 이런 평소의 생활태도 덕분이었다고 생각한다. 정직하다는 것은 상대방을 먼저 배려하고 나의 이해관계는 살짝 내려놓는 것이지만 결과는 항상 내 편이라는 확신을 갖고 있다.

아래 자소서의 첫 번째 항목은 위의 것의 세 가지 항목을 세 줄로 축약한 것이지만 의미는 거의 동일하다. 혹시 자신의 자소서가 관점 없이 분량만 채우고 있다면 두세 줄 정도의 사실관계를 중심으로 먼저 정리해보

남과 다른 나를 뽐내라

길 바란다. 그런 다음 근거가 되는 행동을 찾아보고 자신이 주장하려는 바에 대한 관점을 구축하면 완성도를 크게 높일 수 있다.

또한 '몰래 이익을 취했을 때 얻어지는 것과 잃어버리는 것'에 대한 고민을 통해 정직에 대한 문제의식을 던지고 있다. 그렇게 함으로써 정직에 대한 자신만의 관점을 펼치는 것이 자연스러워진다. 마지막에서는 앞에서 살펴본 관점을 자신의 과거 경험들과 결합시키고 있다. 보통의 취준생이라면 자신이 정직한 사람이라는 것을 보여주기 위한 과거의 사건이나 행동들을 나열하는 것으로 끝나기 쉽다. 반면 여기서는 조직생활에서 정직함이 어떤 소양과 역량으로 발휘될 수 있는지 구체적으로 이해하고 있음을 보여주고 있다.

반복하지만 인사담당자는 특별한 스토리보다는 일상의 소재나 주제로 지원자가 얼마나 밀도 있는 경험과 고민을 했는지에 관심이 많다. 여기에 박자를 맞추려면 완성도는 다소 낮더라도 자신만의 통찰과 관점을 가지려는 노력이 필요하다.

나만의 콘텐츠로 원하는 회사 바로 간다

우연히 얻은 경험이면
더 좋다

경험을 서술할 때는 우연히 어떤 기회를 엿보았고 그것을 어떻게 자신의 것으로 만들었는지에 대한 흐름이 있어야 한다. 자신의 경험이 어떤 어려움을 극복한 것이었는지, 자신의 삶을 어떻게 변화시켰는지 기술해보자.

자소서 항목에 등장하는 경험은 성장과정에 비해 주제나 재료의 스펙트럼이 넓기 때문에 작성 포인트를 잡기가 쉽지 않다. 그래서 쓰는 데 시간도 많이 소요된다. 회사마다 조금씩 차이가 있겠지만 주로 도전과 성취에 대한 질문으로 봐도 무방할 것이다. 사실 살면서 많은 경험을 하기 마련이지만 막상 도전과 성취에 대한 경험을 적어보라고 하면 떠올리기가 쉽지 않다. 뭔가 도전다운 도전이어야 할 것 같고, 성취라는 것도 남들 앞에 내놓을 만큼 대단한 것이어야 할 것 같다. 그런데 올림픽에 도전해서 금메달을 목에 걸어본 경험이 아니고서야 일상의 소재로 경험을 흥미롭게 작성하기란 어려운 일이다.

이처럼 경험에 대한 기술이 어려운 것은 경험을 물리적 행적, 즉 무엇인가를 해본 것으로만 접근하기 때문이다. 무엇인가를 해본 경험과 거기서 얻은 교훈이라고 생각하니 도식화되고 단순해진다. 이렇게 해서는 경험을 흥미로운 스토리로 엮어내기가 어렵다.

흥미로운 경험이라고 할 때 참고가 될 만한 시각을 잠깐 소개할까 한다. 『이것은 왜 청춘이 아니란 말인가』의 저자 엄기호의 강연 내용을 참고해보자. 그는 대학에서 시험 방식을 독특하게 운영하고 있다고 한다. 무제한 오픈북 식인데, 시험 중 전화 찬스도 가능하고 자기가 참고하고 싶은 자료를 전부 가져와도 된다. 그렇게 하는 이유는 공부를 '경험'해보도록 하기 위함이라고 한다.

그는 공부를 한다는 것과 공부를 경험한다는 것은 전혀 다르다고 지적한다. 경험이라는 것은 결국 깨달음인데, 공부를 경험했을 때만이 공부가 무엇인지 알게 된다는 것이다. '이게 공부구나'하는 깨달음이 있어야 공부가 즐거운 건지 괴로운 건지, 나에게 어떤 도움을 주는 건지, 앞으로도 지속할 만한 가치가 있는 건지 등을 판단할 수 있는 힘이 생긴다는 취지다. 그래서 그는 경험을 체험과는 좀 다르게 바라본다. 경험이 철저히 스스로의 힘으로 헤쳐나가는 과정 속에서 얻어지는 우연적 요소의 집합인 것에 비해 체험은 남이 만들어놓은 안전한 틀 속에서 만들어지는 계획된 결과란다. 진짜 경험이 되기 위해서는 우연적 요소가 결부되어야 하며 예측 가능한 경험은 진짜 경험이 아니라는 지적이다. 우연은 결국 위험인데 위험을 감수하는 경험일 때 열정도 생긴다. 따라서 위험이 제거된 체험적 활동은 그만큼 생명력이 부족할 수밖에 없다.

경험이 흥미로워지기 위해서는 우연히 어떤 기회를 엿보았고 그것을 어떻게 자신의 것으로 만들었는지에 대한 내용, 즉 이야기의 흐름이 필요하다는 점을 이해했을 것이다. 과거의 행적을 열거하고 그 행적을 기계적으로 해석하면서 교훈을 도출하는 프레임은 되도록 멀리해야 한다. 대신 자신의 경험이 어떤 위험을 감수한 행동이었고 그 과정 속에서 예상치 못한 무엇을 발견했는지, 그리고 그것이 자신의 삶을 어떻게 변화시키고 발전시켰는지 등의 관점에서 경험을 바라보아야 한다. 가장 소중했던 경험에 대해 기술한 한 사례를 보자.

1. 나는 긍정적인 마인드를 갖게 해준 미국 교환학생 경험이 가장 소중했다고 생각한다.

2. 한 학기 동안이라 많은 경험을 할 수는 없었지만 나 자신을 발견할 수 있는 기회가 되었다.

3. 미국에 도착해서 가장 큰 문제점은 언어였는데, 일상의 가벼운 회화는 어려움이 없었지만 수업이나 과제 수행에는 큰 어려움을 느꼈다. 또한 대화를 나눌 사람이 없어 처음 얼마간은 외로운 시간의 연속이었다.

4. 그러다가 한국 문화에 관심 많은 외국인 친구를 알게 되었다. 서로 언어를 가르쳐주기로 하면서 회화 훈련이 되었고 조금씩 용기가 생겨났다. 학교 행사에도 참여하고 주말에는 친구 집을 방문해 그들의 일상생활도 경험할 수 있었다.

남과 다른 나를 뽐내라

5. 그때 나는 외로운 유학생활을 만든 것은 언어 문제가 아니라 닫혀 있던 내 마음 때문이라는 것을 깨달았다. 이후 마음을 열고 사람들에게 다가갈 수 있었고, 지금까지도 열린 태도와 긍정적인 사고를 유지하게 해주는 원동력이 되고 있다.

교환학생 경험은 그 자체로도 스펙의 요소를 갖추고 있고 해외에서의 힘든 생활을 기술할 수 있기 때문에 자소서에 자주 등장한다. 하지만 요즘처럼 교환학생 경험이 흔해진 상황이라면 위와 같은 맥락으로 어필하기는 어렵다. 앞의 성장과정 단락에서 살펴봤듯이 경험이라는 단어 자체에 대한 고민이 부족한 채 표면적인 행적만으로 이야기의 뼈대를 잡으려 하기 때문이다. 즉, 교환학생 경험 자체를 질문에 부합하는 답처럼 여겨버렸기 때문에 도식적인 설명으로 끝이 났다.

교환학생 경험은 소재로서는 아무 문제가 없다. 필요한 것은 기억 속에 존재하는 교환학생 때의 사건들에 생명력을 불어넣어주는 일이다. 자신에게 가장 가치 있는 경험이었다면 그에 걸맞은 에피소드와 시각을 보여줘야 한다. 위험을 어떻게 감수해낼 수 있었는지, 새롭게 발견하거나 눈을 뜬 것은 무엇인지, 더 큰 도전을 하게 된 기회는 없었는지, 그렇게 해서 더 넓은 세계관이나 인생관을 가지지는 않았는지 등등의 요소를 생각하면서 아래와 같이 기술해보면 어떨까?

1. 교환학생 경험이 나에게는 삶의 큰 전환점이 되었다.

2. 친구 교제와 같은 일상은 별 문제가 없었지만 수업이나 과제에는 어려움이 있었

나만의 콘텐츠로 원하는 회사 바로 간다

다. 이를 해결하기 위해 노력하다 보니 무슨 일이든 절박한 마음이 가장 지혜로운 전략이라는 깨달음을 얻었다. 두 개의 에피소드가 있다. 하나는 과제 수행이 물리적으로 불가능하다고 느꼈을 때 무작정 외국인 조교를 찾아가 손짓 발짓 다 하면서 절반이라도 해냈던 것, 다른 하나는 시험을 철저히 대비해야 한다는 생각에 영어 교재와 책 한 권 분량의 필기노트를 통째로 외워버렸고 결국 시험을 잘 치렀던 것이다.

3. 처음엔 나의 한계를 뛰어넘어야겠다는 생각조차 하지 않았는데 절박함이 이것을 가능케 해주었다. 사람이 절박해지면 오로지 목표에만 집중하게 된다는 사실, 그리고 누구도 의식하지 않게 되어 과감한 도전과 행동으로 이어진다는 사실을 체득하였다. 끊임없는 도전과 실패의 과정이 있어야만 성공하는 방법을 알 수 있다고 생각한다. 이를 위해 절박한 나를 만드는 습관이 생긴 것 같다. 예컨 대, 독서 목표를 설정할 때 그냥 책상 위에 적어두기보다는 친구들 몇 명과 함께 지도교수님을 찾아가 매주 교양서적 한 권을 읽고 간단한 감상문을 제출하겠다 면서 감독관이 되어달라고 요청하는 식이다.

4. 과거를 돌이켜보면 나는 되는 이유보다 안 되는 이유를 먼저 찾았던 것 같다. 남의 시선이나 평가를 무서워했고 내 스스로 나의 잠재능력에 대해 생각해본 적이 별로 없었기 때문이다. 그래서인지 일을 벌이기보다는 안정된 일상에 갇혀 있었던 것 같다. 그런 내가 교환학생 프로그램을 계기로 확 바뀌었다.

5. 경쟁을 해야 하는 현대 사회에서 안락함을 추구하는 자세가 가장 위험하다고 생각한다. 절박함을 일상의 영역으로 끌어와 보니 생활도 보다 체계적이고 생산적으로 바뀐 것 같다. 자투리 시간이 생기면 예전에는 친구들 전화번호를 찾았는데 이제는 작은 책을 들고 다니면서 읽으려고 하고 있다. 최근에는 어느 정도 습관이 되어 금세 50페이지를 거뜬히 읽어낼 수 있다. 이런 노력 덕분에 시간을 보다 촘촘히 들여다보고 활용하는 능력도 생긴 것 같다.

위의 글은 앞의 예시와 달리 교환학생 경험이 삶의 큰 전환점이 되었다

남과 다른 나를 뽐내라

는 주제를 서두에서부터 선명하게 밝히고 있다. 자소서를 두괄식으로 기술하라는 지적은 많이 들어봤을 것이다. 하지만 주제와 그 주제를 뒷받침할 논리적 구조와 콘텐츠가 부족하면 두괄식 작성법이 생각처럼 쉽지 않다. 그러므로 글을 작성하기 전에 주제에 대한 남다른 시각이 무엇인지에 대한 많은 고민이 필요하다는 것이다.

대개는 교환학생 프로그램 자체만 놓고 어떤 활동과 교훈을 얻었는지를 생각한다. 인사담당자는 이런 구조로 흘러가는 글을 수없이 봐왔다. 경쟁에서 이기려면 차별화될 만한 요소를 정확히 이해하고 접근해야 한다. 그래서 여기서는 '절박함'이라는 키워드를 꺼내 들었다. 특정한 경험과 거기에서 예상할 수 있는 교훈의 방정식으로는 더 이상 흥미를 주기 어려우므로 특정한 경험에 대한 일반적인 예상을 깨트리는 것이 중요하다.

외국 생활을 하면 누구나 절박한 상황을 자주 마주한다. 그런데 여기서의 차별점은 지원자가 그 절박함이 자신을 성장시킨 비료가 되었다는 관점을 보여주고 있다는 것이다. 교환학생이라는 값진 경험도 친구를 많이 사귀어서 다양한 문화를 이해할 수 있었다고 끝내버리면 그저 평범한 경험이 되고 만다. 위에서처럼 교환학생 경험에서 터득한 자신만의 노하우를 실생활에 어떻게 활용하고 있는지를 보여주면 별 내용은 아니더라도 인사담당자에게 지원자가 전략적인 마인드가 뛰어난 사람일 것 같다는 느낌을 줄 수 있다.

마지막으로 지원자는 자신의 삶이 구체적으로 어떻게 바뀌었는지 그에 대한 사례를 담담히 보여주고 있다. 사례를 항상 넣어야 하는 것은 아니지만 뚜렷한 주관과 주장을 펼치고자 할 때는 사례를 가미해야 진정성을 보낼 수 있다.

남과 다른 나를 뽐내라

가볍고, 얇고, 짧고, 작은 경험으로 승부하라

자소서에서 경험을 적어보라는 것은 대단한 활동을 기대하고 묻는 것은 아니다. 작은 경험이라도 그와 관련한 지원자의 마인드가 어떤지, 또 그런 부분이 회사에 얼마나 경쟁력을 보탤 수 있는지를 알기 위해서다.

내가 면접위원이었던 때를 돌이켜보면 지원자들의 자소서에서 늘 아쉬웠던 점이 떠오른다. 경험을 적을 때 멀리 해외로 나갔었거나 큰 대회에 참여한 경험에 초점을 둔다는 것이다. 그런 경험을 소재로 삼는 것은 나쁘지 않지만 그것을 자신의 주된 경험으로 삼는 것은 실효성이 크지 않다. 그런 경험 자체는 이력서에 기재하는 것만으로도 인사담당자에게 자신의 역량을 어느 정도는 어필할 수 있다. 만일 인사담당자가 기재된 경험에 관심이 있다면 면접 때 질문할 수 있을 것이고, 자소서에 구체적인 내용을 적지 않는다고 해서 이상하게 생각되지는 않는다. 다만, 이런 경험을 자소서의 핵심 무기쯤으로 생각하는 것은 전략적이지는 않다는

나만의 콘텐츠로 원하는 회사 바로 간다

것이다.

　자소서에서 경험을 적어보라는 것은 작은 경험이라도 그에 담겨 있는 지원자의 의식과 마인드가 회사에 얼마나 경쟁력을 보탤 수 있는지를 알기 위함이다. 그러므로 해외 연수나 대회 입상 같은 큰 성과나 대단한 활동이 부족한 취준생이라 하더라도 자소서 경험 항목 작성을 너무 염려할 필요는 없다. 누구나 경험할 수 있는 일상 속에서 자신이 어떤 의미 있는 발견을 하고 그것이 자신의 세계관과 인생관에 어떤 영향을 미쳤는지를 재밌게 구성한다면 어느 기업에 지원하더라도 무리가 없다고 본다.

　흔히 말하는 자신만의 스토리라는 것은 과연 무엇을 의미하는 것일까? 정답은 없겠지만 반전의 요소에서 비롯될 가능성이 크다. 영화도 그렇지 않은가. 대규모 자금을 투입하면 당연히 비주얼 효과 등 볼거리 있는 영화를 만들기는 쉽겠지만 그것은 어디까지나 돈의 힘일 뿐이다. 정말 재미있는 영화는 관객의 몰입을 유도하는 힘이 있다. 그 몰입은 바로 반전에 반전을 거듭하는 스토리 라인에 있다. 자소서도 결국 인사담당자가 흥미롭게 읽어줘야 생명력을 가진다. 이력에만 기재해도 무슨 내용인지 훤히 알 만한 내용을 굳이 자소서 항목에서 부각시키려는 전략은 별 승산이 없다. 제대로 작성하면 큰 문제야 없겠지만 대다수 취준생의 경우 뻔한 이야기만 써놓을 가능성이 크다. 누구나 경험할 수 있는 일상의 활동이나 경험을 소재로 하되 날카로운 시각을 보여줌으로써 반전을 꾀하는 전략이 더 강력한 힘을 발휘할 수 있다.

남과 다른 나를 뽐내라

흥미롭고 의미 있는 경험을 만드는 첫 단추는 일상 속에서 소재를 찾는 일이다. 무엇보다 자신의 머릿속에 무겁고 두껍고 길고 큰, 즉 중후장대형 경험을 자소서 소재로 삼아야 할 것 같은 고정관념이 있는지 생각해봐야 한다. 단언컨대, 중후장대重厚長大형 경험보다는 경박단소輕薄短小, 즉 가볍고 얇고 짧으며 작은 경험을 활용하는 것이 더 힘 있는 맥락을 만들어내기 쉽다. 큰 소재보다는 작은 소재를 갖고 놀아야 다루기도 쉽고 반전을 보여줄 여지도 많다.

경박단소형 경험은 평범한 일상에서도 만들어질 수 있는 것들이다. 따라서 그것을 소재로 삼는 데 어려움을 느낄 취준생은 거의 없을 것이다. 취준생 중 상당수는 해외 연수나 큰 대회 입상 경험이 없기 때문에 자신의 스펙이 부족하다고 생각한다. 그러나 이런 점은 크게 염려할 필요가 없다. 자신의 역량을 보여주려면 큰 경험보다는 작은 경험에서 어떻게 내면을 넓히고 심화시켰는지 설명하는 구조로 가야 오히려 제맛을 낼 수 있기 때문이다.

'경험을 직무와 연관시켜 작성하라'는 실전 문제를 다뤄보자. 실제 질문은 '귀하가 지원한 직무는 무엇이며, 지원한 직무를 잘 수행할 수 있다고 생각하는 이유를 본인의 경험에 기반을 둔 강점을 바탕으로 서술하시오'로 출제되었다. 아래는 평범한 경험을 평범하게만 설명하고 끝난 사례다.

1. 나는 사람을 좋아하기 때문에 고객이 나로 인해 만족할 때 기쁨과 즐거움을 느낀다.

2. 모 커피전문점에서 바리스타로 9개월 동안 아르바이트를 했는데, 그냥 들렀다가는 손님이 아니라 나와의 인연으로 만나게 된 사람이라는 생각으로 최고의 서비스를 제공하려고 노력했다.

3. 하루 7시간 서서 일하면서도 웃음을 잃지 않고 고객들을 대하려고 했다. 무표정한 손님들도 미소 띤 나의 얼굴을 보고 함께 웃어주었고 가끔 건네주는 고객들의 격려의 말 한마디가 나에겐 큰 힘이 되었다.

4. 고객에게 단순히 커피만을 파는 사람이 아닌 청량제와 같은 존재가 되려고 노력했다. 커피를 주문받을 때마다 미소 짓는 시간이 될 수 있도록 노력했다.

5. 이처럼 고객이 원하는 서비스만 제공하는 수동적인 사람이 아니라 고객에게 먼저 다가가 고객의 니즈에 귀 기울이고 이를 실현하는 인재가 되어 ○○항공사의 이미지를 높이고 싶다.

위 자소서는 우선 지원한 직무가 불분명한데, 일단 항공승무원 직무 분야라고 가정해보겠다. 경험을 소재로 하되, 자신이 어떤 장점을 발휘해보았기 때문에 지원 직무를 잘 수행해낼 수 있는지 기술하고 있다. 전체를 읽었을 때 뭔가 도식적이고 핵심이 결여되어 있다는 느낌을 알 수 있을 것이다.

위의 내용 구조는 질문에 답하는 데 급급할 뿐 자신의 역량을 아무것도 보여주지 못하고 있다. 이유는 지원한 직무에 대한 고민을 제대로 해보지 않은 채 경험만을 떠올려 작성했기 때문이다. 직무가 기내승무원이라

남과 다른 나를 뽐내라

면 과연 무엇이 본질적인 요소일지 고민해봐야 한다. 기내 서비스 업무가 무엇인지 몰라서 그렇게 하라는 것이 아니라 남들도 비슷하게 생각할 것 같은 직무 개념에서 과감히 벗어나라는 것이다.

비행기 기내에서 승객들을 상대하는 일이지 않은가. 그러면 잘 웃는 인상과 건강한 몸은 당연한 요구 조건이다. 문제는 잘 웃고 건강하다는 사실을 과거의 경험으로 보여주려는 접근 방식이다. 이렇게 흘러가면 모두가 비슷한 내용의 자소서를 제출하게 된다. 자신은 차별화된 내용을 찾아서 기술한다고 생각하지만 구조적으로 보면 다르지 않다. 직무를 잘 이해하려면 끊임없이 근본으로 들어가 보려는 노력이 필요하다. 기내 서비스 직무의 본질을 다시 생각해보자. 미소와 건강함을 강조하는 전략은 차별화를 도모하기 힘들다.

만일 기내 서비스 직무의 본질을 '원칙과 절차'로 보면 어떨까. 언뜻 '기내 승무원 직무와 무슨 연관성이 있을까' 하는 의문이 들 것이다. 관건은 적절한 문제의식과 관점을 부여해서 일리가 있도록 만드는 것이다.

예를 들어 다음과 같이 자소서를 작성해보자. 지원자가 여성이든 남성이든 상관없다.

1. 기내승무원 직무를 지원했다. 나는 기내 서비스 업무라는 것이 탑승객, 즉 고객을 만나는 일이긴 하지만 백화점에서 고객을 대하는 것과는 개념이 많이 다르다고 생각한다.

나만의 콘텐츠로 원하는 회사 바로 간다

2. 커피전문점이나 백화점에서는 고객을 일대일로 만나고 짧은 시간 동안의 서비스를 제공하는 것이지만 기내 직무는 한 사람이 100명 이상을 마주해야 할 뿐더러 장시간 서비스를 제공하는 경우가 많기 때문이다.

3. 일전에 ○○영화관의 안내요원으로 아르바이트를 한 적이 있다. 관람객에게 친절하고 미소 띤 얼굴을 보이라는 담당 과장의 주의와 당부가 있어 나도 그렇게 실천하려 했다. 그런데 어느 주말 저녁 프로젝터 문제로 특정 상영관에서 영화 상영이 갑자기 불가하게 되었다. 마침 복도에 있던 나는 수백 명에 이르는 고객들의 거센 항의를 받게 되었다. 나에게 항의하는 것은 괜찮았지만 옆 상영관까지 피해를 주는 상황은 무조건 막아야 했다.

4. 이때 과장님이 당부한 나의 친절한 태도와 미소는 문제 해결에 별 도움이 되지 않았다. 화난 고객을 진정시킨 것은 손해봤다고 생각하는 고객에게 영화관 측의 원칙과 절차를 명확하게 설명해주는 것이었다. 대리 한 분이 내려와서 즉시 환불은 물론 주소와 전화번호를 적어주면 1주일 내에 보너스 예매권 2매를 보내주겠다고 하였고, 그러자 고객들 대부분의 얼굴 표정이 처음보다 더 밝게 바뀌는 것을 목격했다.

5. 친절한 태도와 미소도 중요하지만 문제가 생겼을 때 이를 잘 통제하고 고객의 입장에서 생각하며 서포트할 줄 아는 것이 진정한 서비스라는 생각을 하게 되었다. 기내승무원도 그런 직무를 수행하는 존재라고 생각한다. 이후 나는 다수를 상대하는 서비스 분야의 프로가 되고자 커피전문점이나 백화점보다는 영화제나 축제 같은 대규모 손님이 운집하는 행사장을 대상으로 아르바이트를 하려고 했고 최대한 원칙과 절차에 의한 서비스를 제공하려고 노력했다.

6. 여행객의 설렘과 피로를 보살피는 세심함과 친절은 당연한 자질이라고 생각한다. 그렇지만 하늘을 나는 비행기 안을 세상에서 가장 평화로운 장소로 만들기 위해서는 철저하게 시스템화된 기내 서비스의 원칙과 절차가 뒷받침되어야 한다는 생각이다. 보이지 않는 안전을 먼저 생각할 줄 아는 회사를 만드는 데 일조하고 싶다.

남과 다른 나를 뽐내라

먼저 위의 지원자는 기내 서비스를 기존의 시각이 아닌 자신만의 문제의식으로 접근하고 있다. 백화점에서 고객을 대하는 것과의 차이를 알고 있는 것만으로도 인사담당자는 지원자가 상당한 내공의 소유자라고 생각하고 관심을 가질 것이다.

지원자는 이어 커피전문점과 백화점과의 비교를 통해 직무를 이해하는 자신의 시각이 어떻게 남들과 다른지를 보여주고 있다. 그 뒤 다소 평범한 아르바이트 경험을 소개하는데, 이때도 영화관 일 자체보다는 특수한 상황을 들어 자신의 경험을 훌륭한 소재로 만들고 있다.

영화관에서의 문제 해결 상황을 설명함으로써 서비스의 영역이 평소에만 머무는 것이 아니라 비상 상황에서는 어떻게 작동되어야 하고 나아가 어떻게 빛을 발할 수 있는지를 항공운항 비즈니스 영역과 자연스레 연결하여 어필하고 있다. 비록 자신이 영화 관람객들을 만족시키지는 못했지만 그때의 경험을 계기로 최고의 항공승무원이 되기 위해 특정한 성격의 서비스 업무에 초점을 맞춰 경험해보려 노력했다는 근거를 제시하고 있다. 마지막으로 항공기 기내 서비스 직무를 바라보는 시각을 보여줌으로써 인사담당자에게 해당 직무를 누구보다 더 잘 해낼 수 있을 것이라는 믿음을 주고 있다.

나만의 콘텐츠로 원하는 회사 바로 간다

평범함을
최고의 무기로
만들어라

합격은 영업 마인드에서
시작된다

취준생 상당수는 직무에 요구되는 소양이나 재능이 부족한 상황에서 지원서를 작성하게 된다. 이를 메울 수 있는 묘안이 바로 '영업 마인드'에 대한 인식을 보여주는 것이다. 영업 마인드가 있는 사람은 어떤 직무나 영역에서도 환영받기 마련이다.

한번은 나름 스펙이 좋다고 할 수 있는 취준생들 대상의 일일 멘토링 프로그램을 맡은 적이 있었다. 참가자들 모두 학력은 물론 사회경력, 대외활동, 과외활동, 수상경력, 컴퓨터, 외국어 등의 영역까지 일정 수준의 스펙과 경력을 가지고 있었다.

그런데 막상 얘기를 나누어보니 취업에 대한 준비는 생각보다 부족했다. 수많은 활동과 다양한 결과물이 있었지만 각각의 내용을 어떻게 자신이 원하는 직무에 조화시켜야 할지를 모르고 있었다. 경력이나 각종 활동 사항을 채우는 이력서에는 쓸 내용이 많았지만, '취업에 도움이 될 것 같아서'라는 막연한 이유 외에 딱히 공감되는 스토리는 찾아보기 힘들었다.

나만의 콘텐츠로 원하는 회사 바로 간다

이야기를 나눠보면 장점이 많은 사람임에도 불구하고 그것을 자소서에 녹여내지 못하고 있을 때, 그것만큼 안타까운 일이 없다. 먼저 그들에게 합격될 만한 이유를 만들어보라고 조언했다. 취업에 성공한 사람이라면 당연히 합격의 이유가 있을 것이기 때문이다. 지원자가 재료만 잔뜩 늘어놓을 뿐 그것을 맛있게 요리해서 인사담당자에게 내놓지를 못한다면 어떻게 되겠는가.

상식적으로 생각해보면 합격의 이유는 대체로 그 지원자의 장점이나 능력에 있을 것이다. 지원동기가 타당하고 분명하더라도 지원자의 소양과 재능이 어느 정도 뒷받침되어야 좋은 평가가 가능한 것이지 기본적인 능력이 검증되지 않은 사람을 지원동기가 훌륭하다는 이유만으로 채용하기는 쉽지 않다. 따라서 자신의 장점이나 특기를 잘 드러내야 인사담당자도 지원자를 뽑을 합격의 이유를 명확히 찾을 수 있다. 그런데 문제는 방향이다. 기업이 생각하는 인재상과 동떨어진 채 무엇을 잘해낼 수 있다는 팩트만 강조하면 공감도가 떨어지기 쉽다. 장점이나 특기를 기술할 때 가장 어려운 부분도 바로 이런 연결고리를 찾는 데 있다.

그런데 취준생 상당수는 직무에 요구되는 소양이나 재능이 부족한 상황에서 지원서를 작성할 수밖에 없다. 수년에 걸쳐 치밀한 계획으로 취업을 준비한 경우가 아닌 이상 뭔가 부족한 여건에서 해당 직무에 자신이 왜 적합한 사람인지를 설명해야 한다. 이럴 때 해법이라고 하기는 그렇지만 '영업 마인드'에 대한 인식을 보여주는 것이 하나의 대안이 될 수

평범함을 최고의 무기로 만들어라

있다. 특정 직무나 영역에는 그들 나름의 요구 조건이 있겠지만, 그런 부분이 제대로 충족되지 못하더라도 자신의 장점이나 재능을 영업 마인드 관점에서 설명하면 효과적으로 이를 보완할 수 있다.

대학생 자녀를 둔 부모님들을 보면 대체로 자녀가 비영업부서에서 직장생활을 시작했으면 하는 것 같다. 자녀가 영업실적에 시달리는 모습을 보고 싶지 않은 마음이겠지만, 현실은 좀 다르다. 무조건 영업 직무를 겨냥해야 한다는 의미는 아니다. 다만, 전략기획이니 글로벌 마케팅이니 하는 남에게 자랑하기 좋을 만한 자리부터 생각한다면 취업 문을 뚫기는 더욱 어려울 것이다. 우선은 자신이 그 회사에 왜 필요한지 그 이유부터 찾아야 한다.

여기서 직무와 역량의 관계를 다시 한 번 생각해보자. 원칙적으로는 자신이 원하는 직무를 잘 탐색하고 거기에 요구되는 체질적 요소 그리고 그것을 뒷받침할 수 있는 재능과 경험으로 취업 전략을 짜는 것이 맞다. 그렇지만 그것만이 전부는 아닐 수 있다. 기업은 모든 직무에 기본적으로 깔려 있어야 하는 핵심 역량을 '영업 마인드'라고 여긴다. 쉽게 말하면 CEO는 전 직원의 '영업맨' 개념을 좋아한다. 때로는 전 직원의 '홍보맨' 개념도 강조한다. 다시 말해 특정 직무에만 갇혀 있기보다는 기업의 생존에 가장 근간이 되는 요소들도 함께 보려는 자세가 바람직하다. 출신학교나 스펙이 어떻든 간에 인사담당자가 보기에 지원자의 영업 마인드가 부족하다고 판단되면 합격에 걸림돌이 될 수밖에 없다.

기업 CEO들의 커리어를 살펴보면 예외 없이 현장에서 성과를 보여준 사람들이다. 물론 좋은 학벌을 가진 사람들이 많기도 하지만 그렇기 때문에 그 자리에 간 것은 아니다. 어떤 상황에서도 주어진 임무를 자신만의 방식으로 해내고 그 성과를 실적으로 보여줬기 때문에 그 자리에 오른 것이다.

회사에 입사하면 자신에게 걸맞은 직무가 주어져서 성과를 내는 경우보다는 약간 동떨어진 직무라 하더라도 자신의 집중력을 최대한 발휘함으로써 잠재되었던 능력이 발견되어 좋은 평가를 받는 경우가 더 많다. 이런 집중력은 영업 마인드가 전제되지 않으면 현실적으로 발휘되기 어렵다. 그러므로 기업이 지원자의 체질을 본다는 것도 특정 직무와의 궁합 이전에 밑바탕에 깔려 있는 영업 마인드를 엿보고 싶다는 의미로 해석할 수 있다.

멀리 보면 첫걸음을 영업부서에서 시작하든 혹은 기획부서에서 시작하든 기업의 입장에서는 별 차이가 없다. 어느 부서 조직원이든 궁극적으로는 회사의 성장에 도움이 되는지가 중요하기 때문이다. 조직원 입장에서는 주어진 자리에서 얼마나 주위로부터 인정받고 성과를 보여주는지가 가장 중요하다. 입사 시 자신이 원하는 직무에 가더라도 현실적으로 그 직무를 계속해서 맡는 경우는 거의 드물다. 총무부서 직무를 그저 백오피스 업무로 인식하는 직장인과 사무실 환경을 어떻게 만들어야 조직의 성과로 이어질 수 있는지를 기획하는 업무로 인식하는 직장인 중 누가 장래 회사의 주역이 되겠는가.

평범함을 최고의 무기로 만들어라

처음부터 빛나는 자리는 없다. 자기 체질에 딱 맞는 직무에서 시작한다면 더할 나위 없겠지만 일단은 자신에게 주어진 자리를 빛나게 만드는 전략가가 될 줄 알아야 한다.

기업의 입장에선 아무리 뛰어난 인재를 뽑아놔도 더 좋은 조건을 제시하는 경쟁사가 나타나면 언제라도 이직할 수 있다는 염려가 있을 수 있다. 실제 채용 프로세스에서도 이런 부분을 고려해 그 가능성을 최대한 검증하려고 한다. 그러므로 기업은 스펙은 다소 부족하더라도 오랫동안 함께 일할 사람을 우선적으로 찾으려 할 수밖에 없다. 인사담당자에게 스펙만 강조한 이력서로 오랫동안 함께할 인재로 보이기를 바라는 것은 무리다. 따라서 스펙의 많고 적음에 크게 구애받지 말고 자신의 진정성이 드러나도록 콘텐츠를 구축해야 하며, 스펙이 부족한 지원자라면 스펙을 넘어서는 'Something'을 발굴하여 합격이 될 만한 이유를 적극 제시해야 한다. 그 이유에 부합할 수 있는 영역이 바로 자신의 장점이나 특기다.

이번 장은 크게 세 개의 주제를 다루고자 한다. 첫째, 장점이 무엇인지 취준생들이 잘 모르고 있는 측면을 짚어보면서 평범한 장점을 어떻게 보여줘야 인사담당자에게 어필할 수 있는지를 알아본다. 둘째, 산업이나 시장 주변을 둘러싼 이슈와 자신의 장점이나 재능을 어떻게 현실감 있게 연결해 보여줄 수 있는지를 알아본다. 셋째, 조직과 관련한 구체적 활동과 극복 경험을 묻는 질문의 경우 자신의 역량에 기반하여 어떻게 장점이나 능력을 반영시켜야 하는지 살펴본다.

나의 장단점이
모두 직무역량

지원자의 장점이 남들보다 뛰어나도 해당 직무나 기업의 특징에 맞지 않는 것이면 별 쓸모가 없다. 사소한 장점도 회사의 어떤 업무에 어떻게 연결되어 발휘될 수 있는지를 소신 있게 보여준다면 인사담당자가 탐내는 지원자가 될 수 있다.

자신의 장점을 선뜻 대답할 수 있는 지원자는 얼마 없을 것이다. 장점이란 것을 무엇에 정통하다거나 뛰어나다는 개념으로 이해하고 있기 때문이다. 탁월하게 잘해낼 수 있는 것을 말해보라고 하면 누구나 쉽게 떠오르지 않는다. 하물며 사회 경험이 절대적으로 부족한 대학생은 오죽하겠는가.

신체적인 능력을 검증하는 것이 아닌 이상 자소서나 면접에서 맞닥뜨리는 장점이나 특기에 대한 질문에 지나치게 고민할 필요는 없다. 어느 기업도 지원자에게 뛰어난 장점을 요구하지는 않기 때문이다. IT 보안, 트레이딩(주식, 선물, 옵션 등의 투자거래), 경호와 같은 특수 분야를 제외한 일

평범함을 최고의 무기로 만들어라

반적인 기업은 회사 업무를 잘 소화해낼 수 있는지를 가늠해보고자 장점이나 특기를 묻는다.

그런데 취준생들은 이런 의도를 알지 못한 채 '남과 뚜렷하게 구별될 수 있는 능력'으로서의 장점, 그 자체에만 초점을 두고 찾으려고 하니 어려움을 느끼는 것이다. 우선 할 일은 자소서에서 말하는 장점에 대한 고정관념을 버리는 것이다. 장점은 특별하게 따로 있는 것이 아니다. 즉, 지원하려는 직무나 기업의 특징에 따라 자신이 가진 능력을 잘 조화시키는 전략이 필요하다.

만일 열 개의 회사에 제출할 지원서를 준비하면서 자신의 장점을 동일한 관점으로 똑같이 써놓았다면 큰일이다. 어느 기업의 지원서에 써 붙여도 문제가 없는 겉도는 느낌의 장점은 인사담당자 입장에서 보면 장점이 아닐 확률이 높다. 지원자의 막연한 주장으로만 비춰질 가능성이 크다. 다시 말하지만 인사담당자의 마음을 움직이겠다는 전략으로 자신의 장점을 드러내야 한다. 그러기 위해서는 무엇이 과연 장점으로 보일 수 있을지에 대한 이해가 선행되어야 한다.

먼저 자소서를 쓸 때 두괄식으로 쓰라는 주문을 잘 이해해야 할 필요가 있는데, 이 원칙이 오히려 함정으로 작용하는 경우가 많다. 두괄식으로 글을 작성하는 것은 메시지의 명쾌함을 위한 것인데, 막상 두괄식의 글을 같은 내용만 반복하여 병렬식으로 만들어버리는 것이다.

친화력이 장점이라고 주장하는 경우를 보자. 자신의 장점이 친화력이라는 것을 주제어로 삼은 것은 좋다. 그런데 내용을 풀어가는 구조가 빈약하면 400자든 600자든 대부분이 '나는 친화력이 있다'는 것을 보여주는 과거의 행동으로만 채워진다. 교환학생 경험이 있는 경우라면 다양한 언어를 쓰는 외국 학생들과 잘 어울렸다는 이야기를 하고, 아르바이트의 경우라면 항상 웃는 얼굴로 임했고 그렇게 해서 고객이나 점장으로부터 칭찬을 받았다는 이야기가 나온다. 이런 스토리 라인은 너무 식상해서 장점을 전략적으로 보여주기 어렵다. 장점과 연계되는 주제를 꺼내 들었지만 인사담당자에게는 남들과 차별화되는 지원자만의 장점으로 보이지 않는다.

인사담당자는 친화력이라는 단어 자체는 장점의 요소로 받아들인다. 그런데 그 친화력이 자신이 하려는 직무에 왜 중요한지, 어떻게 작용될 수 있는지 지원자의 시각을 알고 싶은데 그것이 담겨 있지 않다. 그러므로 두괄식으로 글을 작성하라고 하는 것은 과거의 행적으로 본문 내용을 채우라는 것이 아니라 '장점에 대한 문제의식과 관점으로 인사담당자의 마음을 움직여라'는 의미로 받아들여야 한다. 그러기 위해서는 자신의 장점이 직무에 어떻게 연결될 수 있을지 궁금증을 갖고 부지런히 찾아보는 노력이 뒷받침되어야 한다.

위에서 제시했던 친화력을 장점으로 어필하고 싶다면 어떻게 해야 할까. 여기에는 당연히 가정이 필요하다. 직무와 회사의 특성상 친화력을 중요하게 생각해야만 가치가 있을 것이기 때문이다. 예컨대, 금융권 영

평범함을 최고의 무기로 만들어라

업직 분야라면 대고객 업무를 다뤄야 하므로 친화력이 중요한 소양이라고 할 수 있다. 실제 영업현장에서도 친화력 높은 직원이 일을 잘해내기도 한다. 하지만 친화력이 왜 중요한지를 이야기하는 지원자는 잘 보지 못했다. 그렇다면 친화력을 지원자 입장에서는 어떻게 다뤄야 인사담당자에게 신선하게 다가갈 수 있을까.

핵심은 상황에 대한 이해와 과정을 보여주는 것이다. 즉 자신의 장점이 어떤 상황에서 어떻게 작용한다는 것인지는 물론 그 장점을 직무 역량으로 발전시키기 위해 노력했던 과정이 있어야 한다. 이러한 구조는 주제에 대한 본질을 잘 이해하고 그 본질에 부합할 수 있는 과정을 주어진 환경, 마인드, 행동 등과 연결할 수 있을 때 만들어진다.

친화력은 결국 상대방의 마음과 통하는 것이다. 즉, 상대방의 마음을 읽는 능력을 의미한다. 그러므로 내가 웃음만 잘 짓는다고 친화력이 있다고 주장하는 것은 무리가 있다. 상대방의 눈을 똑바로 보고 대화를 나누거나, 상대방의 표정을 잘 관찰하는 습관을 갖거나, 혹은 깊은 공감을 이끌어내는 대화를 위해 지식을 쌓는다거나 하는 것들이 친화력과 밀접한 관련이 있다.

이런 시각이 이해된다면 자신의 친화력을 무엇으로 증명해줘야 할지 실마리를 찾을 수 있을 것이다. 만일 아르바이트나 봉사활동 경험이 있다면 어떻게 대했을 때 상대방이 더 친근함을 느꼈는지 혹은 지속적으로 어떤 시도를 해보았을 때 상대방의 반응이 달라졌는지 등의 이야기로 친

나만의 콘텐츠로 원하는 회사 바로 간다

화력을 설명하는 것이 좋다. 예컨대, 주문하는 고객의 눈을 항상 똑바로 보면서 밝은 표정으로 대했을 때 고객의 마음도 훨씬 밝아지는 것을 느꼈다고 하자. 이는 밝은 표정으로 상대방의 눈을 바라보는 일 하나만으로도 고객 만족과 연결될 수 있다는 것을 알게 되었다고 어필할 수 있다. 그리고 이런 시각을 바탕으로 또 다른 노력을 해보았더니 역시 효과가 있었음을 보여주는 것도 좋은 전략이다.

이와 더불어 일에 대한 이해를 높이기 위해 관련 지식을 더 쌓음으로써 일에 대한 컨트롤 능력은 물론 고객을 보다 편안하게 모실 수 있다는 것도 보여줄 수 있다. 이럴 때 인사담당자는 지원자가 친절함이 어디에서 비롯되고 그 친절함이 영업현장에서 어떤 가치를 발휘할 수 있는지를 잘 이해하고 있다고 생각하게 된다. 영업직무 지원을 가정해서 친화력을 자신의 장점으로 기술한 사례를 보자.

1. 지인과의 인연으로 1년간 주말 봉사활동에 참여한 적이 있다. 그 기관에는 홀로 사는 노인과 신체장애인들이 인형과 장난감을 조립하고 있었는데, 그중 한 장애인의 작업하는 손이 매우 서툴러 보였다.

2. 나는 도움을 주기 위해서 그분에게 손을 내밀었다. 그러나 그분은 내 손을 휙 뿌리치면서 하던 일에만 집중하였다. 나는 매우 당황했지만 그 작업장 담당자로부터 설명을 듣고서야 이유를 알 수 있었다.

3. 거기에서 일하는 장애인들은 일반인보다 몇 배의 노력으로 스스로 기술을 익히고 교육도 받으면서 일을 통해 보람을 느낀다는 것이었다. 확실치는 않아도 아

평범함을 최고의 무기로 만들어라

마 내가 도우려 했던 의도가 그분에게 잘못 전달되었던 것 같았다. 그는 내가 자신을 남의 도움을 받아야만 하는 대상으로 바라보고 있음을 알았던 것이다. 또한 그 분의 얼굴은 제대로 보지도 않고 다가가서 손만 내미는 모양새여서 기분이 상했을 수도 있다는 생각이 들었다.

4. 그래서 그분에게 가서 정중하게 사과의 말씀을 드렸는데 막상 틀어진 기분은 쉽게 돌아오지 않았다. 하지만 나는 당연히 그럴 수 있다고 생각하고 이후 방문할 때마다 밝은 미소로 다가가 정성을 다해 일을 도왔고 작업장 청소도 말끔하게 하고 오곤 했다. 이런 노력이 거듭되면서 차츰 그분과 다른 분들 모두 마음을 열기 시작했고 이후로는 서로 웃는 얼굴로 만날 수 있었다.

5. 이 경험을 통해 친화력의 중요성, 즉 당장 마음을 열지 않는다고 해서 돌아설 것이 아니라 상대방을 계속 배려하면 좋은 결과로 이어질 수 있다는 교훈을 얻었다.

다음은 위에서 언급했던 바와 같이 직무에 연결하여 작성한 사례다.

1. 온라인 환경으로 인해 자기주도형 고객이 많아지고 있다. 대신 시간을 내서 점포를 방문하는 고객에게는 질 높은 상담의 필요성이 과거 어느 때보다 높아진 상황이다. 이런 영업현장에서 내가 가진 친화력이 성과를 내는 데 일조할 수 있다고 생각한다.

2. 봉사활동을 하면서 친화력은 상대방의 마음을 읽는 힘에서 나온다는 점을 배웠다. 노인과 장애인들이 인형과 완구를 조립해서 유통업체에 납품하는 곳에서 봉사활동을 하였다. 사실 봉사활동이라고는 하나 그분들과 어울리는 일이 쉽지 않았다. 형식적으로 인사만 나눌 뿐 각자 할 일만 하고는 집으로 돌아온다는 생각이 들었다. 그 이유를 생각해보니 우선 그분들과 친근한 느낌이 없었다. 또한 상대에 대해서도 전혀 모르고 있었다. 그러면서 배려란 무엇인가, 인간관계란 무

나만의 콘텐츠로 원하는 회사 바로 간다

엇인가, 친화력은 왜 필요한가 등에 대해 고민해보았다. 내가 찾은 현실적인 방법은 누구를 만나든 상대방을 밝은 표정으로 똑바로 바라보는 것이었다. 상대를 존중하고 상대의 말을 경청하겠다는 마음을 전할 수 있는 가장 손쉬운 방법이라고 생각했다.

3. 봉사활동이 다소 낯설고 서먹했던 것도 내가 그분들을 똑바로 쳐다보지 않고 말로만 대화하려고 했기 때문인 것 같았다. 그래서 당장 다음 활동부터 밝은 표정으로 그분들과 눈부터 마주쳤다. 효과는 즉각적으로 나타났다. 서로의 마음이 열리고 있다는 강렬한 느낌을 받았다.

4. 그 분들과 더 친근해지기 위해 노력한 것은 인형과 완구 조립을 더 잘 할 수 있도록 관련 자료를 탐독해본 일이었다. 온라인에서 여러 제품의 포장상태를 참고해서 어떻게 조립하고 박스에 배치해야 완성도를 높이고 시간도 단축할 수 있는지 고민해서 제안해봤다. 작은 노력이었지만 그분들의 반응은 폭발적이었다. 진정으로 자신들을 도와주려 한다고 생각하는 것 같았다.

5. 이런 경험을 살려 지점 현장에서 일할 기회를 갖게 된다면 고객 한 분 한 분을 정말 정성스럽게 만나고 싶다. 아침 기상 후 제일 먼저 컨디션 조절부터 신경 쓸 것이다. 물론 각종 상품 정보나 트렌드 변화 등 고객의 니즈와 관련된 지식들도 하나도 놓치지 않을 것이다. 이런 자세가 고객과 함께하는 것이라고 생각한다. 내가 전하는 그 친근함이 바로 우리 회사의 마음이기 때문이다.

　먼저 위의 글은 자신의 친화력이 영업현장에서 어떻게 가치를 발휘할 수 있는지 서두에서부터 드러내고 있다. 이는 친화력이 어떤 상황과 결합되었을 때 의미를 가질 수 있는지를 보여줌으로써 본론으로 들어가는 맛을 살려주고 있다. 자기주도형 고객이 많아지고 있다는 것은 온라인에

평범함을 최고의 무기로 만들어라

서 찾을 수 있는 일반적인 지식이다. 이처럼 누구라도 수긍할 만한 정보를 자기만의 언어로 적절히 활용할 줄 알아야 한다.

또한 위 지원자는 자신이 생각하는 친화력의 본질이 어디서 나올 수 있는지를 현실감 있게 설명해주고 있다. 거창하기보다는 누구나 현실에서 실천할 수 있고 공감하기도 쉽기 때문에 설득력이 있다. 그다음은 친화력이 밝은 표정으로만 얻어지는 것이 아니라 상대의 관심사가 될 만한 지식과 기술을 익히는 노력에서도 얻을 수 있다는 점을 보여주고 있어 신선하다. 마지막으로 입사 후 자신의 노력을 어떻게 더 진전시켜서 고객과의 접점을 강화할 것인지를 보여주는데, 합격시키면 함께 오래 일할 것 같다는 느낌도 준다.

나만의 콘텐츠로 원하는 회사 바로 간다

현장감을
살려라

'왜 당신을 채용해야 하는가'라는 질문은 자신의 장점이 현장에서 어떻게 발휘될 수 있는지에 방점을 두고 답해야 한다. 지원자 대부분이 대답하기 어려워하므로 일정 수준의 대답만으로도 다른 지원자와 차별화될 수 있다.

기업에 따라 자신의 장점이 무엇인지를 직접 물어보지 않는 경우도 많다. 대신 우회적인 질문으로 지원자의 특기나 장점을 파악하려고 한다. 대표적인 질문이 우리 회사가 왜 당신을 채용해야 하는지를 설명해보라는 것이다. 면접에서도 이와 유사한 질문을 받을 수 있으므로 전략적으로 잘 준비해둘 필요가 있다. 사실 이 질문은 지원자를 상당히 당황스럽고 난감하게 만든다. 지원자에게 특별한 재능이나 능력이 있지 않고서야 어떻게 이런 즉문卽問에 즉답卽答이 가능하겠는가. 그럼에도 불구하고 많은 기업들이 단골로 하는 질문이다. 그런데 이 질문이야말로 여타 지원자와 차별화하기 좋은 기회다. 모두가 난감해하고 대답하기 어려워한다

평범함을 최고의 무기로 만들어라

면 일정 수준의 대답만으로도 좋은 점수를 받을 수 있기 때문이다.

이런 유형의 질문은 자신의 장점을 실제 근무 현장에서 어떻게 발휘할 수 있는지 답변할 수 있어야 한다. 한 은행에 지원하는 경우를 가정하고 아래와 같이 작성된 예시를 살펴보자. '왜 당신을 채용해야 하는가'라는 질문에 대한 지원자들의 답변을 유형별로 정리한 것이다.

1. '기업이 살아야 나라가 산다'라는 문구처럼 경영학을 전공하면서 기업이 창출하는 여러 경제적 가치와 사회공헌활동 등을 보면서 기업의 역할과 중요성을 깨달았다.

2. 그러나 대기업 위주가 아닌 건실한 중소기업과 함께 공생하는 경제 구조가 되어야 하며, 그래야만 세계적인 불황과 미래에 대한 위험도 쉽게 이겨낼 수 있다고 생각한다. 그런 차원에서 중소기업의 성장을 위한 지원이 필요하며, 이들의 성장을 돕고 중견·중소기업 시장에서 확고한 선두를 지키는 ○○은행에 입행하고 싶다. 그렇게 해서 한국의 기업 구조 개선을 도모하며, ○○은행을 이용하는 모든 고객에게 맞춤형 서비스를 제공하고 싶다.

3. 나는 지난 2년간 주말마다 종로에 있는 이모님 가게에서 핸드폰 액세서리 판매를 도왔다. 처음에는 낯설었지만 점점 익숙해지면서 매출에 욕심이 생겼고 판매 전략도 수립해나갔다. 종로에는 핸드폰 액세서리 가게들이 밀집되어 있어 경쟁이 심했지만 품질이나 상품에는 큰 차이가 없었다. 가게가 많다 보니 찾아오는 고객만 기다려서는 수익을 내기가 만만치 않았다.

4. 손님을 끌기 위한 퍼포먼스 행사를 자주 했고 테스트용 선물도 준비하는 등 꾸준히 노력했다. 또한 점원들 모두 같은 옷을 착용해 일체감과 화합된 모습을 보여줌으로써 이웃 가게들과 차별화를 꾀했다. 이를 통해 가게의 이미지를 제고하고 수익도 상승시켰다.

나만의 콘텐츠로 원하는 회사 바로 간다

5. 고객층과 시장분석을 통한 판매전략 수립과 함께 마케팅, 고객 맞춤 서비스와 같은 수업시간에 배운 이론을 직접 적용해봄으로써 이론과 현실의 차이를 경험할 수 있었다. 이러한 경험은 다양한 고객을 대하고 고객의 특성에 맞는 금융서비스를 제공하는 데 큰 도움이 될 것이다.

위 내용의 구조를 보면 전반부에는 지원한 회사의 사회적 명성이나 역할을 짚어주고 후반부에서는 앞으로도 그런 역할을 더 잘해나가는 데 자신이 일조할 수 있다는 점을 강조하고 있다. 사실 위와 같은 내용 정도를 쓰려고 해도 간단치가 않다. 이것저것 많이 찾아봐야 하고 은행에서 관심 가질 만한 요소를 세심하게 생각해야만 작성할 수 있다.

하지만 이런 노력이 빛을 보려면 현장감이 잘 살아나도록 해야 한다. 산업이나 시장을 둘러싼 최근의 이슈를 살펴보고 이런 흐름에 자신의 장점을 결합시키는 것도 좋다. 이런 전략적인 접근이 쉽지 않다면 되도록 업무나 영업현장에서 자신이 성과를 낼 수 있다는 논리와 근거를 보여줄 필요가 있다. 지원한 회사가 사회적으로 어떤 명성과 평판을 얻고 있는지는 자소서에 그다지 필요하지 않다. 그럼에도 불구하고 상당수 지원자들은 지원한 회사의 높은 평판을 열거하고 거기에 공감하는 내용을 많이 넣는다. 자신이 그런 내용을 잘 알고 있으며 해당 기업에 잘 맞는 사람이라고 말하고 싶은 것이겠지만 큰 효과가 있다고 보기는 어렵다.

핵심은 자신의 장점이 현장에서 돋보이도록 하는 것이다. 앞서 '왜 당신을 채용해야 하는가'라는 질문에 대해 다음과 같이 작성된 예를 보자.

평범함을 최고의 무기로 만들어라

1. 그동안 은행권 취업을 준비하면서 항상 이런 질문을 던져보았다. 즉, 현장에 투입되었을 때 나는 무엇을 특별히 잘할 수 있을까 하는 것이다. 힌트를 얻기 위해 평소 금융회사가 개최하는 투자나 상품 세미나에 적극적으로 참석했다. 이런 세미나 주제가 있었다. 국내에서 이뤄지는 투자는 안전하고 해외투자는 위험하다는 고정관념을 버려야 저금리 환경을 극복할 수 있다는 것이었다. 듣고 보면 당연한 얘기지만 막상 스스로 그런 생각의 힘을 가지지는 못한 것 같아 동기부여의 계기가 되었다. 내가 앞으로 한 분야의 전문가로 성장하려면 고정관념에서 벗어나 새로운 기회를 보는 눈이 필요하다는 생각을 하게 되었다.

2. 나는 이런 마인드와 자질이 영업현장에도 많이 적용되어야 한다고 생각한다. 나름대로의 계획이 있다. 나는 어릴 적부터 서예를 배워 특기 수준의 재주를 갖고 있다. 이 재주를 고객관리에 활용해보고 싶다. 영업을 상품 판매라는 고정관념으로만 볼 필요는 없다고 생각한다. 나는 영업이 고객의 마음을 얻는 일이라고 생각한다. 금융영업에 대해 스터디하면서 생일, 기념일, 자녀입학, 승진 등 고객의 각종 기념일을 챙기는 것의 중요성을 알게 되었다. 특히 고객에게 자연스럽게 연락할 수 있는 '거리(즉, 적절한 명분)'를 잘 준비하는 것도 영업을 하기 위한 필수 전략이라는 사실도 배웠다. 그래서 예를 들면 입춘에는 '입춘대길^{立春大吉}'을 한자로 정성스레 써서 고객에게 전달하는 모습을 그려본다. 그리고 함께 준비한 금융 상품 안내책자가 있으면 편안한 분위기와 틈을 봐서 간단히 설명해드리고 싶다. 같은 내용이더라도 고객에게 기계적으로 소개하는 책자와는 다른 느낌으로 전달될 수 있다고 생각한다.

3. 밝은 얼굴과 부드러운 말투만으로 치열한 영업현장을 헤쳐나가기 어렵다고 생각한다. 작은 재능이라도 그것을 성과로 연결시키는 눈과 의지가 중요하다고 본다. 나는 서예 외에도 오래달리기, 먼저 인사하기, 친구 경조사 챙기기, 약속 관념 같은 단어와 친근하다. 이런 소양들을 영업현장에 하나씩 잘 녹여서 꼭 성과로 연결시키고 싶다.

나만의 콘텐츠로 원하는 회사 바로 간다

위의 지원자는 금융권의 최근 이슈 그리고 세미나 참석을 언급함으로써 간접적이나마 은행권 취업을 위한 준비과정이 치밀했다는 점을 보여주면서 자신의 장점에 대한 설명을 자연스럽게 시작하고 있다. 서두가 이렇게 시작되면 상투적이지 않기 때문에 인사담당자도 당연히 관심을 갖고 읽어보려고 한다.

그다음 영업에 대한 고정관념을 어떻게 바꾸고자 하는지와 함께 서예 재능을 영업에 어떻게 활용할 수 있는지 구체적으로 보여주고 있다. 사실 이 부분이 하이라이트이다. 왜냐하면 많이 고민하고 공부하지 않으면 금융영업의 특성들을 파악하기 어렵기 때문이다. 인사담당자는 이런 내용을 보면서 영업에 상당한 소질이 있겠다는 느낌을 강하게 받을 수 있다. 특히 취업 준비에 여유가 있을 때 미리 자기가 가고자 하는 산업이나 기업에 대해 환경이나 이슈 분석을 해보는 것이 좋다. 그래야만 현장에서 어떤 소양과 역량이 요구되는지 탐색할 수 있다. 자신의 관심이나 재능이 어디에 쓰일 수 있는지 사전에 알 수 있다면 직무에 대한 역량을 훨씬 효과적으로 전달할 수 있다.

마지막은 비단 서예뿐만 아니라 자신의 평범한 재능이나 장점들도 얼마든지 이런 흐름에서 파악해 성과로 만들어내겠다고 함으로써 한층 더 설득력을 강화시키고 있다. 오래달리기나 먼저 인사하기 같은 것들은 독립적으로 설명해서는 임팩트를 주기 어렵다. 흥미롭게 짜인 메시지의 연장선 위에서 자신의 평범한 재능들을 빛나게 하고 있어서 좋다는 것이다.

평범함을 최고의 무기로 만들어라

자기만의 관점이 있으면 이처럼 평범한 재능들도 의미가 부여된다. 위와 같이 글을 구성하면 인사담당자로 하여금 "이 지원자와 같은 마인드와 소질이라면 한번 믿고 맡겨볼 만한데"라는 생각을 하게끔 할 수 있다.

질문의 의도와 평가 기준에
신경 써라

자기계발이나 혁신, 도전의 경험을 묻는 질문은 보통 지원자의 '열정'을 알아보기 위한 것이다. 기업이 가진 평가 기준의 핵심 요소들은 무엇인지 고민해보고 그에 맞추어 글을 작성하는 것도 좋은 점수를 받는 하나의 방법이 될 수 있다.

자신의 장점을 잘 부각시켜야 하는 또 다른 유형의 자소서 질문들이 있다. 무엇을 극복했거나 조직을 위해 헌신했던, 그리고 자기계발이나 혁신 및 도전의 경험 등을 묻는 항목들이다. 사회 경험이 짧을 수밖에 없는 취준생이 이런 질문에 드라마틱한 이야기를 꺼낼 수 있는 경우는 매우 드물다. 사실 무엇을 적어야 할지조차 잘 모르는 취준생들도 꽤 많다. 질문의 의도도 파악하지 못하는 것이다. 주로 많은 지원자들이 몰리는 대기업일 수록 특정 상황을 설정하는 등 보다 구체적인 질문을 하는 경우가 많다.

이렇게 구체적인 질문을 하는 이유는 회사마다 다르겠지만 무엇보다 역량 파악에 중점을 두고 있기 때문이다. 취업 준비를 하면서 '역량 기반'

평범함을 최고의 무기로 만들어라

이라는 표현을 자주 접했을 것이다. 역량을 영어로는 보통 경쟁력을 의미하는 'Competency'로 사용하는데, 차이는 조금씩 있겠지만 기업 나름대로 역량을 평가하는 잣대나 프레임이 있다.

주요 기업이 채택하고 있는 내부 역량평가 기준을 일일이 확인할 수는 없다. 다만 '역량 면접'이라는 형태가 우리나라에서 고유 개발된 것이라기보다는 글로벌 다국적 기업을 다수 보유하고 있는 미국이나 유럽의 것에서 가져온 측면이 많다. 따라서 국내 주요 기업들이 가진 역량평가의 잣대도 큰 틀에서는 유사한 점이 많다고 추측할 수 있다. 대개 면접과정에서 역량을 평가하는 프로세스가 이루어지지만 자소서 질문으로도 나오는 경우가 있으므로 답변 포인트를 잘 이해하고 준비해야 한다.

질문 유형은 크게 3가지로 나눌 수 있다. 첫째는 자신의 한계에 도전해본 경험, 둘째는 조직의 발전을 위해 헌신적인 노력을 한 경험, 셋째는 가장 어려웠던 일과 그것을 극복한 경험 등이다.

우선, 자신의 한계에 도전해본 경험은 지원자의 어떤 역량을 파악하기 위해서일까? 정답이 정해져 있지는 않겠지만 잘 생각해보면 바로 '열정'이라는 역량을 알아보려는 것이다. 인사담당자는 지원자를 볼 때 아무런 잣대도 없이 무작정 자소서만 읽고 주관적으로 판단을 내리지는 않는다. 각 기업들은 지원자의 열정적인 면을 평가하기 위한 저마다의 기준을 가지고 있을 것이다. 따라서 그 평가 요소들을 잘 숙지한 다음 거기에 포커스를 맞추어 글을 작성하면 좋은 결과를 기대할 수 있다.

보통 열정이라는 역량을 평가하기 위한 핵심 요소는 ● 자신의 한계를 뛰어넘기 위한 목표 설정과 그 중요성에 대한 이해 ● 목표를 실천하는 데 따르는 부담과 그것을 극복하기 위한 자신만의 노력 ● 중도 포기하지 않았던 이유 ● 좌절감 같은 감정적인 어려움에 대한 극복 노하우 ● 목표 달성 후 더 큰 목표를 추구하고자 했던 새로운 노력 등이 있다. 다시 말하자면, 자소서의 질문이 열정과 관련된 것이라면 위와 같은 핵심 요소들을 기준으로 잡고 내용을 전개하는 것이 바람직하다.

다음의 자소서 작성 사례를 보자. 질문은 '자기계발 및 혁신을 통해서 자신의 한계에 도전한 경험에 대해 서술하라'는 것이다. 아래 내용은 불필요하고 반복적인 표현들을 생략하고 뼈대 중심으로 정리한 것이다.

1. 경제학을 전공하면서 더 높은 목표에 도전하기 위해 회계사 시험을 2년 반 동안 준비하였다. 그런 과정에서 오로지 하나의 목표를 위해 오랜 시간 동안 스스로와 많이 싸웠던 것 같다.

2. 준비하는 동안 많이 힘들었지만 규칙적인 생활을 하게 되었고, 시간관리 능력도 얻을 수 있었다. 특히 힘든 일을 이겨내는 인내심과 지구력, 그리고 절제하는 습관을 기를 수 있었다. 처음부터 실패를 두려워하여 도전하지 않았더라면 절대 배울 수 없었을 것이다.

3. 공부하면서 경제는 물론, 회계 지식을 많이 익혔기 때문에 관련 업무에도 큰 도움이 될 것이다. 또한 우선순위를 정하고 계획대로 일하는 습관을 길렀기 때문에 많은 일이라도 효율적으로 처리하는 능력이 있다. 특히 마케팅 분야로의 취업을 준비하면서 이런 것들이 큰 도움이 되었다. 공부한 내용을 노트에 필기하

평범함을 최고의 무기로 만들어라

고 자료화하고 있다.

4. 입사한다면 조직에서 주어진 일에만 안주하지 않고 끝까지 도전하는 모습을 보여드리고 싶다. 비록 회계사 자격증을 취득하지는 못했지만 실패에서 얻은 도전정신으로 귀사의 발전에 힘을 더하고 싶다.

질문에서는 자기계발과 혁신을 통해서 자신의 한계에 도전한 경험을 묻고 있지만 대답은 회계사에 도전한 경험과 형식적인 자기계발만 이야기하는 느낌이다. 자격증 공부와 같은 소재를 허술하게 풀면 위와 같이 겉만 맴돌게 된다. 즉, 열정이라는 것이 좌절과 인내의 시간 속에서 자신의 한계를 뛰어넘게 해주고 새로운 목표를 지속적으로 추구하게 함으로써 그 열정을 더 뜨겁게 유지할 수 있었다는 것인데, 바로 그 프레임 속에서 어떤 노력을 해왔는지를 드러내야 한다. 조직이 성과를 내려면 열정을 가진 인재가 필요하기 마련인데 거기에 잘 부합한다는 이미지를 효과적으로 전달하려면 아래와 같은 전략이 담겨 있어야 한다.

1. 2년간 회계사 공부를 하면서 자신의 한계를 뛰어넘게 해주는 가장 중요한 동력은 열정이라는 점을 알게 되었다. 진로를 바꾸면서 회계사 시험은 그만두었지만 그 과정에서 내 스스로 설정해둔 많은 울타리를 걷어냈던 것 같다.

2. 목표를 설정하고 이를 실천하기 위한 자기 절제나 규칙적인 생활습관은 여타 준비생들과 비슷했다. 하지만 고비가 찾아왔을 때 이를 어떤 방식으로 극복하고 자기 발전의 밑거름으로 활용하는가에 대한 인식과 나름의 행동방식을 얻었다.

나만의 콘텐츠로 원하는 회사 바로 간다

3. 반복되는 생활을 지속하다 보니 슬럼프가 가끔 찾아왔다. 목표의식은 흐려지고 안전지대에 머물러 있고 싶은 유혹이 컸다. 그럴 때마다 종교적 지도자나 경영철학자들의 저서를 자주 읽었다. 특히 릭 워렌Rick Warren의『목적이 이끄는 삶』, 피터 드러커Peter Drucker의『프로페셔널의 조건』등을 탐독했다. 가장 큰 발견은 바로 열정과 도전의 중요함에 대한 것이었다. 평범한 자신을 비범함으로 무장시켜주는 그 힘은 바로 강한 열정과 목표에 대한 도전에서 비롯된다는 점을 배웠다. 특히 끊임없는 목표의식과 이를 달성하기 위한 전략적 사고의 필요성이 나에게 가장 절실했다. 그리고 생산성Productivity보다는 효과성Effectiveness의 관점에서 정보화 사회를 헤쳐나가라는 드러커의 가르침은 내 생활양식을 크게 바꿔놓았다.

4. 나는 일을 할 때 "Do it right이 아니라 Do the right thing이다"라는 그의 말을 되새긴다. 열심히 하는 것도 중요하지만 효과, 즉 성과를 내려면 무엇을 먼저 해야 하는지를 간파하고자 함이다. 이런 관점이 생기니까 일이 재밌고 열정도 남달라졌다. 작지만 의미 있는 성공을 자주 경험할 수 있있다. 그래서 마케팅 전문가로 방향을 정하고부터는 자기경영 노트부터 만들었다. 여러 마케팅 성공 사례와 실패 사례들을 찾아보고 각각의 경우에 무엇이 'Do the right thing'에 해당되는지를 나 나름대로 분석해보는 것이다. 처음엔 서툰 점이 많았지만 계속 작성하면서 보는 눈이 제법 생긴 것 같다(실제 활동한 경험이 있다면 여기에 추가로 기술). 어떤 마케팅 과제가 주어지더라도 그동안의 경험을 살려 나만의 스타일로 전략을 수립하고 시행착오Try and error의 과정을 통해 조직이 원하는 목표를 달성해나갈 수 있다는 자신감이 조금은 생긴 것 같다.

5. 전문가들이 보면 별것 아닐 수 있지만 나만의 관점으로 나만의 세계를 구축함으로써 더 나은 내일을 만들어갈 수 있다는 열정이 바로 진정한 혁신이라고 생각한다. 그래서 세상은 열정을 가진 자들을 중심으로 재편되는 것 같다.

위의 글은 질문의 요지가 어디에 있는지를 명확하게 적시하고 있다. 회계사 시험에 도전했던 경험을 소재로 하더라도 누구나 거론할 것 같은 내

평범함을 최고의 무기로 만들어라

용은 최소화하고 열정이라는 역량을 바라보는 시각과 자기만의 노력을 부각시키는 데 초점을 두고 있다. 열정, 목표 설정, 도전 등의 키워드들이 우연히 얻어진 것이 아님을 구체적인 근거를 제시함으로써 설득력 있게 풀어가고 있다.

또한 키워드를 자기 것으로 만들기 위해 노력한 자기계발의 모습들과 동시에 목표를 달성한 뒤에도 또 다른 목표를 향해 어떻게 다가가고 있는지를 보여준다. 이런 흐름은 열정이란 것이 일회성이 아닌 지속성을 담보해야 한다는 점을 지원자가 누구보다 잘 이해하고 있다고 보여진다. 열정의 바탕 위에서 자기 시선으로 혁신의 의미를 해석하고 있는 것이다. 또한 자신의 열정이 현장에서 어떤 결과를 만들 수 있는지에 대한 시각이 가미되어 앞의 내용들에 한층 더 힘을 실어주고 있다.

나만의 콘텐츠로 원하는 회사 바로 간다

잘한 일은
제대로 티를 내라

기업은 조직의 역량 중에 구성원들의 '팀플레이'를 가장 중요하게 여긴다. 그래서 조직을 위해 헌신적인 노력을 했거나 조직에서의 갈등을 성공적으로 극복했던 경험을 묻는다. 이때 반드시 구체적으로 써야 자신의 강점이 잘 드러날 수 있다.

조직의 발전을 위해 헌신적인 노력을 했던 경험과 가장 어려웠던 일, 그리고 그것을 극복했던 경험을 묻는 질문도 단골로 등장한다. 먼저 조직의 발전을 위해 헌신적인 노력을 했거나 조직에 들어가서 갈등을 겪고 성공적으로 극복했던 경험을 쓸 때는 더욱 주의해야 한다. 인사담당자가 기대하는 내용은 전혀 시작도 못한 채 과거만 나열하다가 끝나기 쉽기 때문이다. 조직과 관련한 질문에 많은 취준생들이 동아리 경험을 소재로 삼는 만큼 이를 소재로 작성된 사례를 살펴보자.

1. 취업동아리 A에서 성실성과 적극성을 인정받아 회장으로 활동하였다. 처음 시

평범함을 최고의 무기로 만들어라

작하는 동아리여서 체계도 자원도 모두 부족하였다. 얼마 동안은 마치 안개 속을 걷는 것처럼 막연했다.

2. 동아리 회원들 성향이 각각 다르고 학년도 다양해서 커뮤니케이션이 원활하지 못했고 참여도가 낮은 것도 문제였다. 이를 극복하기 위해 나는 모든 회원들에게 연락해서 문제점이 무엇인지 들어보고, 무엇을 주요하게 다루었으면 하는지 파악했다. 그리고 원만한 커뮤니케이션을 위해 온라인 카페를 만들어 그곳을 중심으로 서로 연락을 주고받았으며 각자의 생각을 공유하는 시스템을 만들었다.

3. 특히 소외감을 느낄 수 있는 학생들을 위해 각자의 역할을 배분하여 함께 활동하도록 했다. 여타 동아리와의 제휴를 통해 활동 영역을 넓히고 부족한 부분은 학교 본부 등에 요청하여 상호 보완이 되도록 했다. 그랬더니 그동안 소극적이던 회원들이 적극적으로 모임에 참여하게 되었고 모든 멤버가 각자의 역할을 책임감 있게 수행하게 되었다. 마음이 하나가 되니 그동안 부족했던 부분들이 메워지기 시작했고 이를 통해 취업에 대한 자신감도 갖게 되었다.

4. 다양한 경험과 능력을 지닌 회원들이 같은 목표를 향해 함께 노력하는 것의 중요성을 느낄 수 있었다. 혼자만으로는 힘든 일을 회원들과 함께 의논하고 보완해나가면서 목표를 하나씩 실현해나갈 수 있었다. 그동안의 팀 활동을 통해 배운 소통과 화합의 힘으로 귀사의 목표를 달성해내는 데 일조하고 싶다.

동아리에 소속되어 자신이 겪고 노력했던 경험을 위와 같이 풀어내는 것도 나쁘진 않지만 강한 인상을 주기는 어렵다. 조직 활동과 관련해서 어떤 역량을 평가하려는지 이해가 부족하기 때문에 상투적인 내용에서 벗어나지 못하고 있다.

소속감을 느꼈던 조직과 그 조직의 발전을 위해 노력했던 경험을 묻는 질문은 결국 '팀플레이' 역량을 보려는 것이다. 기업의 입장에서 조직의

나만의 콘텐츠로 원하는 회사 바로 간다

역량을 강화하는 데 있어 구성원들의 팀플레이를 가장 중요하게 생각하기 때문이다. 팀플레이 역량 평가의 핵심 요소를 들자면 ● 상호존중과 배려의 정신이 있는지 ● 자발적인 협력성을 갖고 있는지 ● 비협조적인 구성원에 대한 문제 해결 능력은 있는지 등이 해당될 수 있다. 특히 이 중에서 비협조적인 구성원과의 문제 해결 부분이 중요한데, 근거와 구체성이 결여되면 내용이 단조로워질 수밖에 없으므로 이 부분은 특히 신경 써야 한다. 이제 위와 동일한 소재로 다음과 같이 재구성해보자.

1. 열댓 명으로 구성된 취업동아리 A의 회장 일을 수행하면서 조직의 성패는 팀플레이 정신에 달려 있다는 확신을 갖게 되었다. 친구 몇 명과 학교의 협조를 얻어 조직한 동아리였지만 막상 어떻게 운영하고 활동해야 성공 취업이라는 목표를 달성할 수 있을지는 막연하기만 했다. 회장과 총무가 있었지만 체계적이지 못한 데다 실용적인 프로그램도 부족했기 때문에 회원들의 호응을 이끌어내기가 쉽지 않았다.

2. 문제 해결을 위해 경영학과 교수님도 몇 번 찾아뵙고 해법을 구했지만 최선을 다해보라는 조언 외에 특별한 것이 없었다. 그러던 중 조직을 성공적으로 이끈 역사 속의 인물들을 찾아보았다. 히말라야를 최초로 등정한 힐러리 경이 대원들과 함께 남극 도달에 성공했던 이야기 속에서 리더의 자발적 협력정신을, 그리고 미국 남북전쟁 당시 그랜트 장군이 술로 인해 결격사유가 많았지만 그런 그를 끝까지 신임하여 승리를 이끌어낸 링컨 대통령에게서 선한 의지보다는 능력이 조직의 목표 달성에 더 중요하다는 점을 배웠다.

3. 먼저 온라인 카페를 며칠 밤을 새워 만들었다. 디자인은 다소 평범했지만 알찬 인터페이스로 구성하여 회원들에게 공유하자마자 많은 관심을 받았고, 로열티

평범함을 최고의 무기로 만들어라

를 크게 높일 수 있었다. 그다음에는 또 다른 취업동아리와 전략적으로 제휴하는 노력을 하였다. 모의면접과 같이 참여자가 30명 정도는 담보되어야 진행이 가능한 프로그램을 공동 기획하고 학교 측의 협조도 수차례 요청하여 얻어냈다. 제휴하기 위해 밤낮으로 뛰어다니는 나의 모습에 회원들이 많은 격려를 보내주었고 회장으로서의 권위도 자연스레 만들어지는 것 같았다.

4. 전반적으로 회원들의 참여도가 높았지만 몇몇은 집이 멀다는 혹은 다른 대외활동을 한다는 이유로 불참하는 경우가 많아 팀워크에 방해가 되었다. 탈퇴라는 명확한 선택을 강요할 수도 있었지만 링컨의 일화를 떠올려 보았다. 사실 그들은 항상 팀원들에게 미안해하고 상냥한 태도를 보여주었기 때문에 냉정하게 대하기는 쉽지 않았다. 그렇지만 무작정 그런 분위기를 지속시키는 것도 바람직하지 않았다. 결국 우리 동아리의 활동 필요성을 더 느끼도록 하여 그들의 이해관계를 이쪽으로 끌어와야겠다는 판단을 했다. 취업 준비에 더 효과적인 준비 방법들을 고민하여 개인적으로 만나기 힘든 현직 전문가 분들과의 미팅이나 일대일 면접 코칭 프로그램도 만들었다. 여타 동아리에는 없는 프로그램이 지속적으로 제공되자 참여율이 낮았던 회원들이 어느덧 열성 회원이 되어 있었다.

5. 작은 경험이었지만 조직이 크든 작든 팀플레이가 성공의 출발점이라는 시각을 배웠다. 이끄는 리더십과 함께 밀어주는 팔로워십이 조화를 이루는 데는 각자 위치에서 자발적으로 협력하려는 자세가 주효했다. 또한 구성원 간의 선한 의지로만 팀워크가 강화되는 것은 아니라는 것을 느꼈으며, 목표와 성과를 낼 수 있는 확실한 능력이 전제되어야 조직이 장기적으로 성장할 수 있다는 교훈을 얻었다.

위의 지원자는 조직 활동의 경험을 작성하면서 시작점을 팀플레이에서 찾고 있다. 누구나 비슷할 것 같은 상황을 설정했지만 그 문제점을 해결하기 위한 노력은 남달랐다는 구조로 펼쳐가기 위한 흐름이다. 단 한

나만의 콘텐츠로 원하는 회사 바로 간다

번의 노력으로 문제는 쉽게 해결되지 않는다는 사실을 보여주면서 팀플레이에 대한 관점을 구체적인 역사 속 인물들로부터 얻었다는 점을 기술하고 있다.

또한 조직을 위해 헌신한 노력을 구체적으로 설명하고 있는데, 앞서 다루었던 팀플레이의 바탕 위에서 풀어가고 있기 때문에 인사담당자 입장에서도 내용적으로나 논리적으로 쉽게 공감할 수 있다. 마지막은 약간 중복되는 내용이긴 하지만 팀플레이가 결국은 조직의 성과를 위해 요구된다는 점을 강조함으로써 자신의 역량을 보다 분명히 나타내고 있다.

마지막으로 가장 어려웠던 일과 그것을 극복했던 경험을 묻는 것인데 어떤 역량을 평가하기 위한 것이라 특정지어 설명하기는 어렵다. 앞에서 살펴본 열정이나 팀플레이에 비해 소재나 개념이 많이 열려 있기 때문이다.

다만 여기서는 일반적인 기업이라면 조직생활을 하는 개인에게 가장 어려운 일이란 무엇일까 하는 측면에서 살펴보겠다. 일반적으로 조직생활을 하는 개인이 자주 직면하는 어려운 일은 윤리의식과 관련된 것이 많다. 상사의 부당한 지시로 자신의 가치관이 흔들릴 때, 비리나 부도덕한 상황을 목격했을 때, 사고나 예기치 못한 상황이 발생했을 때의 경우다. 이 밖에도 주변 동료와 뜻이 맞지 않을 때 조직원으로서 지켜야 할 행동수칙 같은 것도 있을 수 있다. 이런 상황은 조직의 관점에서 보면 모두 개인의 윤리의식과 관련된다. 당연히 기업들은 지원자의 윤리의식을 주요 역량 가운데 하나로 여긴다.

기업에서 지원자의 윤리의식은 어떤 핵심 요소로 평가하려고 할까? 일반적으로 보면 ● 책임의식이 얼마나 있는지 ● 절차와 원칙에 의해 문제 해결을 하는지 ● 이해관계나 상황에 관계없이 얼마나 소신 있는 의사결정을 할 수 있는지 ● 실수에서 교훈을 얻어서 이를 다음 기회 때 활용할 수 있는지 ● 실수 후 재발을 막기 위한 철저한 준비와 노력을 하는지 같은 것들이다. 이런 내용을 보면 금전적인 부분에 대한 것만이 아니라 절차와 원칙이 투철한 것도 조직의 관점에서 보면 윤리의식 역량이 강한 사람이다.

아래의 사례는 조직에서 겪었던 갈등 경험과 이를 성공적으로 극복했던 사례를 묻는 질문에 대한 것이다.

1. 늘어나는 중국과의 교류에 대비하고자 국내 모 대기업의 후원으로 진행하는 프로젝트에 참여했다. 중국, 일본, 베트남, 태국, 인도 등에서 온 유학생들도 참여하여 중국 현지인들을 대상으로 소규모 창업 프로젝트를 기획하는 것이었다. 채택이 되면 해당 기업의 직원들과 함께 직접 중국 비즈니스를 경험해볼 수 있는 기회가 주어졌기 때문에 최선을 다하고자 했다.

2. 하지만 기대와는 달리 첫날부터 현실적인 한계에 부딪쳤다. 여러 나라 학생들로 구성되다 보니 언어 소통은 물론 금전적 여건이 좋지 못하였다. 중국 현지인들이라고 설정한 대상도 너무 광범위하였다. 특히 중국 유학생 팀원들은 바쁜 학업 일정으로 오프라인에서 직접 만나 공동으로 작업하는 것이 힘들었다. 어렵게 만나 일을 진행할 때도 서로의 주장이 강해 자잘한 갈등이 많이 발생했다. 특히

나만의 콘텐츠로 원하는 회사 바로 간다

프로젝트 진행을 위해 주어진 예산의 일정 부분을 투입해야 할 때 유독 중국 학생들과 의견이 맞지 않았다. 팀 리더를 맡았던 내가 한국인이다 보니 뭔가 비용 집행에 믿지 못하는 부분이 있는 것 같았다.

3. 하지만 이대로 포기할 수 없다는 각오로 문제가 되는 상황에 적극적으로 맞서기로 했다. 먼저 휴학 중인 중국인 학생에게 도움을 청해서 나의 부족한 중국어 능력을 키우고 일도 함께 진행하였다. 팀원들 간의 커뮤니케이션을 위해 식사 자리 등 교류와 격려의 시간을 많이 만들었다. 서로를 응원하다 보니 팀워크가 다져졌다. 또한 중국 내 후보 대상지에 대한 범위를 좁히기 위해 중국 친구와 협력해 주민들의 연령대 등을 조사하고 그에 맞게 기획안을 만들었다. 그 결과 13세 미만의 어린이들과 부모를 대상으로 한 비즈니스 프로그램을 기획하여 성공적으로 마무리할 수 있었다.

4. 처음에는 방향조차 설정하기 어려웠고 외국인 팀원들과의 커뮤니케이션이나 협력을 이끌어내는 것 역시 쉽지 않았지만 주저하지 않고 팀원들과 부딪치면서 고민하고 도전했기 때문에 가능했다. 입사 후에도 이런 경험을 바탕으로 문제를 해결하고 팀원들과 함께하겠다.

사실 이 정도 수준도 평균 이상이다. 구체적인 노력이 들어가 있고 질문에 대해서도 명료하게 대답하는 느낌이 들기 때문이다. 물론 초반부에 "늘어나는 중국과의 교류에 대비하고자"라는 표현은 다소 모호한 느낌을 준다. "중국에 대한 이해와 현장 감각을 갖추기 위해"라는 정도가 더 어울릴 것이다. 하지만 진짜 아쉬운 점은 조직 내 갈등을 해결하는 데 어떤 역량이 요구되었고 그것을 자신의 어떤 노력과 재능으로 해결하였는지에 대해서는 내용이 부족하다. 과거의 사건과 행동들을 중계하는 내용으로만 흘러가니 인사담당자에게 깊은 인상을 주기는 어렵다.

평범함을 최고의 무기로 만들어라

자소서를 작성할 때 반드시 유의해야 할 점은 지원자의 관점이 명확히 드러나야 한다는 것이다. 문제의식과 관점이 기본적으로 전제되도록 노력하고, 질문의 유형에 따라 조직원에게 요구되는 역량이 무엇인지를 잘 파악한 다음 그에 맞추어 작성해야 한다.

1. 중국에 대한 이해와 현장 감각을 갖추기 위해 국내 모 대기업 후원의 중국 현지 창업 프로젝트에 참여했다. 중국을 비롯한 동남아 각국 유학생들도 참여하여 중국 현지에서의 소규모 창업 프로젝트를 기획하는 것이었다. 채택이 되면 주최 회사의 직원들과 함께 직접 중국 비즈니스를 경험해볼 수 있는 특전도 주어졌기 때문에 남다른 자세로 임했다.

2. 막상 팀원들을 만나보니 몇몇 현실적 어려움이 앞을 가로막았다. 각자 영어 사용이 완전치 않아 의사소통에 애로가 있었지만 실제로는 서로에 대한 신뢰 부족 때문에 프로젝트 속도가 지지부진한 것이 큰 문제였다. 특히 중국 팀원들이 팀 리더를 맡은 나의 비용 집행과 관련해서 사사건건 문제를 제기하는 바람에 프로젝트 초반 내내 경직된 분위기가 지속되었다. 여타 팀원들도 눈치만 보는 등 원만한 프로젝트 진행을 위해서는 넘어야 할 산이 많았다.

3. 한꺼번에 문제를 해결할 수 없다고 판단하고 중국 팀원들이 민감하게 생각하는 비용 부분을 투명한 원칙과 절차에 의해 집행되도록 했다. 이메일을 통해 미리 실행계획을 공지하고 문제제기가 없으면 진행한 뒤 영수증을 스캔하여 즉시 공유하는 방식으로 근거를 남겼다. 물품구매도 최소 세 곳의 가격과 품질을 비교하고 다수결로 선택하게 함으로써 팀원 각자에게도 책임의식이 깃들도록 했다. 사실 이런 노력은 별것은 아니었다. 참여나 기여도 측면에서 아쉬운 팀원들에 대한 대응전략이 어려웠다. 영역에 따라 개인과제가 부여되었는데 한두 명만 제대로 하지 않아도 전체 진행이 물리적으로 되지 않는 경우도 발생했다. 허술한 과제 제출이 반복되지 않도록 하는 데 막연한 독려나 믿고 맡기는 것만으로는

나만의 콘텐츠로 원하는 회사 바로 간다

처음 도입부는 내용상 앞과 대동소이하다. 핵심적인 내용은 중간 부분에서 다뤄지고 있는데 명쾌한 관점을 제시하고, 구체적인 행동과 그 노력들을 담아내고 있다.

취준생들이 어려워하는 것 중 하나가 노력을 구체적으로 기술하는 부분인데 위의 내용에서 요령을 알 수 있다. 행동을 무조건 디테일하게 기술하는 것은 중요하지 않다. 의미 있는 관점을 명확하게 제시해야 내용이 구체화될 수 있다는 것이다. 이런 관점을 얻기 위해서는 리서치를 부지런히 해야 한다. 이는 성실하게 그리고 꼼꼼하게 확인하고 비교해보는 과정 속에서 얻을 수 있는 능력이기 때문이다.

4장

지식과 정보로 예비 직장인이 되어라

검색에 사색을 덧붙여라

취준생들은 지식과 정보를 찾는 데는 능력이 다들 뛰어나다. 하지만 그것을 자기 것으로 만들어 자소서나 면접에 활용하는 경우는 많지 않다. 자신의 부족한 스펙이 마음에 걸린다면 지식과 정보의 힘을 자신의 취업 경쟁력으로 전환시켜보자.

자신만의 콘텐츠를 만들기 위해서는 대상을 들여다보는 힘을 길러야 한다. 문제의식과 관점이라는 큰 틀을 갖고 글을 흥미롭게 전개시키려면 자신의 과거와 현재 그리고 미래를 상황에 따라 보여줄 수 있는 렌즈와 조리개가 필요하다. 이 힘의 원천은 결국 지식과 정보에서 나온다. 취준생 대다수는 지식과 정보를 탐색하는 능력은 다들 출중하지만 그것을 자기 것으로 만들어서 자소서나 면접에 활용해야겠다는 경우는 많지 않다. 즉 검색은 잘하지만 사색은 없는 것이다. 의지 부족보다는 방법론 부재가 문제다.

단언컨대 지식과 정보의 적절한 활용이야말로 스펙의 부족함을 타개

할 수 있는 최고의 전략이다. 과거와 달리 요즘과 같은 지식정보화 시대에서 기업이 요구하는 공통 인재상은 뭘까? 지식과 정보를 보는 눈을 가지고 이를 활용하는 능력을 갖춘 사람일 것이다. 이번 장에서는 지식과 정보를 자기 것으로 만드는 방법을 살펴보고 자소서에 활용하는 전략을 세워보고자 한다.

취준생들 중 몇몇은 자소서를 작성할 때 나름대로 지식과 정보를 찾아 활용해본 경험이 있을 것이다. 그러나 이때 아쉬운 점은 전문가의 의견이나 시각을 단순 인용하는 정도에만 그친다는 것이다. 간단한 예를 들자면, "소설가 리처드 바크는 '높이 나는 새가 가장 멀리 본다'고 했습니다. 저도 이처럼 ~하는 사람이 되고 싶습니다"와 같은 식이다. 명名구절을 단순 인용하는 것 외에도 "백화점은 도심의 입장료 없는 만국박람회장이라고 합니다. 입사한다면 고객들이 이런 가치를 더 많이 알고 누리도록 최선을 다하겠습니다"와 같이 전문가의 시각을 인용하고 자신의 의견을 덧붙이기도 한다. 이런 것들도 나름의 효과가 있겠지만 애써 쓴 인용구를 평면적으로 활용하는 것은 별 임팩트를 주지 못한다. 앞의 내용에서 '백화점은 도심의 입장료 없는 만국박람회장이다'라는 시각은 누구나 주장할 수 있는 내용은 아니므로 당연히 눈에 띄지만 여기에서 그치면 안된다. 이것을 자신의 것으로 만들어 나를 표현하는 하나의 방법이 되게끔 해야 한다.

핵심은 지식의 전후 관계를 파악하고 그것을 자소서에 요구되는 내용

지식과 정보로 예비 직장인이 되어라

과 유기적으로 접목시키는 데 있다. 지식의 전후 관계라는 것은 지식에 담겨져 있는 메시지나 맥락을 의미한다.

존 비마이어John Veihmeyer KPMG 회장의 인터뷰(〈조선일보 위클리비즈〉 2015년 4월 28일자)를 인용해보면 비마이어 회장은 현재 전 세계 기업들의 가장 큰 고민은 '기술'과 '규제'라는 두 단어로 정리할 수 있으며, 글로벌 기업일수록 각 국가, 도시마다의 규제를 미리 알고 선제적으로 접근하는 것이 큰 과제라고 언급하고 있다. 세계적 권위를 가진 인물이 논리적이면서도 날카롭게 지적하는 이런 내용이야말로 활용도 높은 지식이다.

위의 인터뷰가 비즈니스 업계에 충분히 공감을 얻을 수 있다는 전제하에 이것을 취준생의 전공이나 관심 영역에 따라 각자의 스토리를 만드는 데 훌륭한 재료로 삼을 수 있다. 만일 법학을 전공하고 광고나 종합상사 쪽으로 업종을 탐색하는 경우를 가정해보자. 일단 지원동기 혹은 활동 경험에 대한 스토리 라인을 만들 때 비마이어 회장의 시각에서 출발해보는 것이다.

우선 '비마이어 회장은 글로벌 기업들의 가장 큰 고민은 기술과 규제라고 한다. 저는 이런 흐름에 잘 부합할 수 있는 사람이다'와 같은 식의 흐름은 피해야 한다. 이 지식을 발판 삼아 자신의 역량을 최대한 드러낼 수 있는 뼈대를 만들어야 한다. 종합상사 분야라면 '법학을 공부한 시각으로 최근의 국제무역을 들여다보면 온라인과 모바일 기술 중심의 신경제가 국가별 그리고 도시별로 새로운 규제를 지속적으로 만들어내고 있다는 점을 알게 되었다'처럼 자기 시각으로 전환시켜볼 수 있다. 이는 단순히 남의 말을 빌리는 것이 아니라 공감되는 지식을 자기 것으로 체화하는 것을 의미한다. 법학을 전공한 사람이라면 실제로 그런 사례들을 열심히 찾아서 정리해보자. 이런 방식으로 관련 지식들을 넘나들다 보면 해당 분야에 대한 리서치를 하게 되고 그 결과로 자기만의 문제의식이나 관점을 가질 수 있다.

실제로 몇몇 사례들을 취합하고 나름의 시사점이나 흐름을 짚어줄 수 있다면 자신의 취업 경쟁력을 획기적으로 높일 수 있다. 해외시장 개척에 관심이 높은 기업이라면 당연히 이런 트렌드에도 민감할 것이다. 만일 지원자의 자소서에 이런 흐름이 보이고 리서치를 통해 얻은 내용을 바탕으로 구체적인 상황이나 메시지까지 체계적으로 기술되어 있다면 어떤 인사담당자든 관심을 보일 것이다.

하버드대에서 행복학을 강의하는 탈 벤 샤하르Tal Ben Shahar는 그의 저서 『해피어Happier』에서 공부하는 방식을 잠수방식과 연애방식의 두 가지로 설명한다. 많은 대학생들이 행복한 공부를 하지 못하고 있다면서, 물속에서 숨을 겨우 참고 있다가 마지막 순간 물 밖으로 나왔을 때 안도하는 것을 행복이라고 착각하듯 공부도 그렇게 한다는 것이다. 즉, 낙제와 같은 부정적인 결과를 피하려고 인내심으로 공부하기 때문에 공부를 매우 평면적으로 하고 있다는 것이다. 반면, 연애방식이란 책을 읽고 조사하고 생각하고 글을 쓰면서 배움을 즐기는, 즉 공부의 맥락을 만들 줄 아는

지식과 정보로 예비 직장인이 되어라

경우라는 것이다. 취업 준비도 마찬가지다. 공부하는 방법에 대한 그의 지적처럼 지식을 단편적으로만 다루지 말고 전략적으로 활용하는 지혜가 있어야 한다.

여기서 우리는 채용 프로세스에 숨겨진 중요한 단면을 읽어낼 필요가 있다. 취업을 어렵게 만드는 근본 원인은 자소서 내용의 평범함, 즉 남과 차별화될 콘텐츠의 부재에 있다. 콘텐츠가 부족하면 말을 만드는 데만 온통 에너지를 소비하게 되고, 이렇게 할수록 몸과 마음은 더 고달플 뿐이다. 대신 지식에 대한 유기적인 탐색 노력을 통해 자신이 어떤 역할과 가치를 제공하고 싶은지에 대한 뚜렷한 시각과 콘텐츠를 갖게 되면 자소서 질문 항목이 4개든 8개든 전후 관계가 분명한 흐름을 만들어낼 수 있다. 앞에서 가정한 법학 전공자라면 성장과정, 활동과 경험, 재능, 장점, 지원동기 등과 같은 기본 질문들에 대해 입사를 위해 고민해온 자기만의 주제, 즉 '국가별·도시별 규제의 양산에 대한 법학 전공자로서의 이해와 역할'이라는 포인트를 갖고 관련 내용들을 정리할 수 있다.

이런 구조로 자소서를 작성하면 인사담당자는 자신들의 회사에 입사하기 위해 많은 시간을 투자해 고민과 탐색을 해왔다고 여기게 될 것이다. 레퍼런스 자소서를 하나 작성한 뒤 지원 기업의 요구 기준에 맞게 약간씩 수정해서 이곳저곳에 제출하는 사람과는 확연한 차이가 나기 때문이다. 이처럼 전문가의 의견이나 시각 같은 지식의 적절한 활용이 자소서 작성에 굉장히 유용할 수 있다는 점을 기억하자. 머릿속 생각이나 표면적 지식만으로는 임팩트 있는 자소서를 작성하기 어렵다.

지금부터 우리가 할 일은 지식을 구체적으로 어떻게 활용할지 그 방법을 이해하는 것이다. 이는 알고 보면 당연한 것인데 자신이 미처 깨닫지 못하고 있을 뿐이므로 아직은 익숙하지 않더라도 너무 염려할 필요는 없다.

지식과 정보로 예비 직장인이 되어라

신문과 잡지에서
이야깃거리를 구하라

신문이나 잡지를 평소에 많이 봐두자. 세계적인 경영자, 전문가들의 기고문과
인터뷰에서는 가치 있는 철학과 지식을, 새로운 변화를 읽어내는 칼럼에서는 신선한
키워드를, 사회적 쟁점이 되는 기사에서는 균형 있는 시각을 건질 수 있다.

자소서의 완성도를 높이는 데는 신문과 잡지에 실린 전문가의 기고문이나 인터뷰 기사가 매우 유용하다. 일간지 주말 판의 세계적인 경영가나 사상가의 인터뷰 내용은 글로벌 경제 동향이나 이슈를 체크하기에 손색이 없다. 논리적이고 날카로운 지적이나 분석 내용이 있다면 이를 자신의 시각과 적절히 결합시키거나 새롭게 재구성해 활용할 수 있다. 무엇보다 다른 사람의 생각이나 말과 글을 인용하는 것이므로 반드시 나의 목소리를 담아주어야 한다. 남의 얘기만 잔뜩 늘어놓는다면 어떤 사람이 재미있어 하겠는가.

방법은 간단하다. 먼저 경영자나 업계 전문가가 신문이나 잡지에 기고

하거나 인터뷰한 내용을 찾아본다. 각자 취업하고 싶은 분야나 기업이 있다면 그쪽과 관련된 인물들을 언론 매체에서 검색해보면 된다. 도서관 내 정기간행물 코너를 적극 활용하는 것도 방법이다. 온라인 검색을 통해서는 자신이 입력한 키워드에 대해서만 정보를 얻게 되는 데 비해 정기간행물 코너 등에서는 예상치 못했던 양질의 지식이나 정보를 얻을 수 있다. 취준생들은 시간에 쫓길 수밖에 없겠지만 학교 내 도서관만 고집하지 말고 시·도 단위의 도서관이나 국립도서관 등을 찾아가보기를 권한다.

웬만한 취준생이라면 자신이 입사하고픈 기업의 인재상 정도는 확인할 것이다. 여기서는 삼성그룹 창업자 고故 이병철 회장의 언론 인터뷰 내용을 사례로 들어보겠다.

이병철 회장의 여러 인터뷰를 읽어보면 그가 생각하는 인재상에 대한 철학을 발견할 수 있다. 그는 기업이나 사람이나 시련과 인내 없이는 성장할 수 없다는 확고한 생각을 가지고 있다. 언론 인터뷰 내용을 찾아보면 대나무의 마디에 비유한 '마디론'이 자주 거론된다. 대나무는 몸통이 가늘어도 마디가 있기 때문에 하늘로 쭉쭉 뻗어 올라갈 수 있다는 것이다. 사람이나 회사도 마찬가지라는 논리다. 그러면서 이 회장은 중국 고전『맹자』에 나오는 '고자장구하告子章句下'란 대목을 인용한다.

하늘이 누군가에 큰일을 맡길 때에는 반드시 그의 마음을 괴롭게 하고 뜻을 흔들어 고통스럽게 하며, 그 몸을 지치게 하여 육신을 굶주리게 한다. 또한 생활을 곤궁하게 하여 하는 일마다 뜻대로 되지 않게 한다. 그러한 이유는 그렇게

지식과 정보로 예비 직장인이 되어라

함으로써 그 마음의 참을성을 담금질하게 하여 비로소 하늘의 사명을 능히 감
당할 수 있도록 역량을 키워 전에는 이룰 수 없던 바를 이룰 수 있도록 하기 위
함이니라.

삼성그룹 홈페이지에는 '몰입, 창조, 소통의 가치 창조인'이라는 인재
상이 나와 있다. 삼성이 이런 가치를 구현할 수 있는 인재를 찾고 있는 것
은 맞지만, 눈치 있는 지원자라면 근본적인 부분을 생각해봄으로써 여타
지원자와의 차별화를 노릴 수 있다. 이병철 회장은 사람을 선발할 때 젊
은 날의 시련을 얼마나 진지하게 그리고 지혜롭게 보냈는지를 중요하게
본다. 선대 회장 사후 수십 년이 지났지만 사람을 보는 그의 시각이 요즘
의 삼성이라고 유효하지 않을 리 없다.

그의 인터뷰를 통해서 이런 시각을 파악하고 참고했다면 자신의 활동
이나 경험과 유기적으로 연결시켜보는 노력이 필요하다. 만일 하루 8시
간을 꼬박 서 있어야 하는 아르바이트 경험을 갖고 있다고 하자. 일하면
서 고객 감동을 실천하려고 했다는 식으로만 이야기하는 사람과 이 회
장의 경영철학을 꼭 일터에서 실천해보고 싶었고 그렇게 하면서 무엇을
얻었는지를 이야기하는 사람 중 인사담당자는 누구를 더 유심히 볼까?
인터뷰 내용에서 자소서 작성에 유용한 정보를 추출하여 자신의 경험과
유기적으로 연결시키는 전략의 중요성에 공감이 갈 것이다.

다음은 CEO의 기고문에 자기만의 키워드를 만들어 콘텐츠로 구축하
는 방법이다. 아이티센시스템즈 강진모 사장의 기고문(〈전자신문〉 2012년 11

월 27일자)을 인용해보자. 빅데이터 시대의 도래와 소셜미디어의 바람직한 확산 방향에 대한 그의 의견이 담겨 있는데, 내용 중에 "소셜미디어가 무엇인가. 소통과 홍보의 대명사다. 그 첫걸음은 '소셜리스닝'이다"라는 표현이 있다.

물론 소셜미디어를 바라보는 그의 남다른 시각도 참고해야겠지만 '소셜리스닝'과 같은 흥미로운 표현이나 단어의 활용 방법을 생각해볼 필요가 있다. 만일 홍보 직무에 지원하는 경우라면 홍보팀 내 '소셜리스닝 시스템'을 구축해보겠다는 목표를 설정할 수 있다. 대다수 기업들은 고객의 소리를 듣는 데 많은 투자를 하고 있다. 아직까지 고객들의 의견 청취는 홈페이지를 통한 의견 접수나 오프라인 고객 초청 행사를 통한 것이 주를 이루고 있다. 하지만 최근 모바일 매체를 통한 고객과의 밀접한 커뮤니케이션 필요성이 높아지고 있으므로 지금과 같은 시기에 소셜리스닝을 홍보 분야 지원자가 자소서에 인용해 쓴다면 인사담당자에게 강한 인상을 남길 수 있을 것이다.

물론 소셜리스닝과 같은 소재를 던졌다면 지원자는 그것을 뒷받침할 수 있는 근거를 적극 발굴해야 한다. 가령 대학생 앱 개발 대회 같은 행사에 참여했다거나 혹은 창업의 동기가 되어 소셜리스닝 효율화에 도전해봤다는 논리로 얼마든지 접근할 수 있다. 또한 홍보 외에 마케팅 부서에도 적용할 수 있다. 마케팅 역시 고객들의 다양한 목소리를 어떤 부서보다 적극적으로 필요로 하기 때문이다.

지식과 정보로 예비 직장인이 되어라

인사담당자는 자소서에 '소셜리스닝'과 '앱 개발'이라는 두 단어만 보더라도 지원자를 예사롭지 않게 살펴볼 것이다. 신문이나 잡지를 꾸준히 읽다 보면 남들이 잘 쓰지는 않지만 누구나 공감할 만한 좋은 표현이나 문구가 많다. 입사 후 업무 활동에 반영시킬 수 있는 방법이나 논리를 고민하면서 자신의 장점이나 재능 그리고 경험과 절묘하게 결합해보면 흥미로운 자소서를 만들 수 있다.

신문과 잡지의 기사를 토대로 토론 면접을 준비할 수도 있다. 아래의 글은 현대백화점 CEO의 기고문(〈한국경제신문〉 2012년 4월 17일자)이다. '백화점 산업의 순기능과 오해'라는 제목의 글인데 일부 내용을 발췌하였다.

최근 유통 규제정책과 맞물려 일각에서는 백화점산업의 진정성에 대한 회의적 시각이 있다. 우선, 상품 매입 형태다. 현재의 수수료 매장 형태를 백화점이 협력사로부터 상품을 직접 매입하고 남는 재고도 관리하는 직매입 형태로 바꿔야 한다는 것이다. 그러나 이 경우 백화점은 막대한 재고 부담으로 기존 상품을 소진할 때까지 다른 상품의 매입이 어려워진다. 또 검증되지 않은 중소기업 상품보다 대기업이나 해외 상품을 더 선호해 중소기업은 신상품 개발 및 판로 확대에 고전하게 된다.

이럴 경우, 중소협력사의 경쟁력과 밀접한 관련이 있는 국내 패션산업 및 백화점까지도 동반 쇠락하게 될 가능성이 매우 높다. 백화점들은 그간 수수료 매장 운영을 통해 수많은 중소협력사가 자리 잡는 데 기여해왔다. 따라서 협력사와 백화점이라는 공존관계를 유지시켜온 수수료 매장을 일방적으로 매도해선 안 된다.

위 내용은 글로벌 금융위기가 터지고 난 후 경제민주화에 대한 사회적

압력이 지속적으로 높아졌을 때 게재된 것이다. 당시 대형마트의 경우처럼 백화점 업계도 고성장을 구가하였는데 미디어에서는 매출에 따라 임대료가 연계되는 '수수료 매장' 방식의 부당성을 자주 지적하였다. 이에 백화점의 경영자가 수수료 매장을 일방적으로 매도해서는 안되며 균형감을 갖고 바라봐야 한다는 취지의 글이다.

일단 옳고 그름의 판단은 뒤로 하고, 먼저 어느 대기업이든 경제민주화라는 주제는 매우 중요하게 다루고 있다는 점을 생각해볼 수 있다. 경우에 따라서는 면접장에서 이에 대한 지원자의 생각을 물어보거나 토론 면접의 주제로 주기도 하기 때문에 활용 방법을 살펴볼 필요가 있다. 막상 면접장에서 경제민주화에 대해 어떻게 생각하냐고 질문을 받으면 어디서부터 말을 풀어가야 할지 막막하기 마련이다. 특히 자신의 의견이 아무리 논리적이더라도 회사의 입장과 상충되거나 반대쪽이라면 보이지 않는 불이익이 있지 않을까 하는 생각도 든다. 하지만 중요한 점은 논리에 있다. 만일 집단토론에서 어느 한 쪽에 서서 의견을 제시하는 경우라면 그런 염려는 하지 않아도 될 것이다. 다만 개인적으로 정치사회성 질문을 받은 경우라면 회사의 입장을 전혀 고려하지 않고 자신의 소신만을 내세우는 것은 논리 여부를 떠나 위험할 수 있다.

위 기고문의 내용에서 취준생이 활용하기 좋은 논리를 추출해본다면 다음과 같이 정리해볼 수 있다. 즉, 우리나라에서 논의되고 있는 경제민주화와 관련해 그 취지에는 전적으로 공감하지만 대중의 관심만 끌려는 포퓰

지식과 정보로 예비 직장인이 되어라

리즘적 요소를 많이 지니고 있다는 것이다.

　백화점의 사례에서 보듯이 앞만 보고 뒤에 감춰진 사실관계를 자세히 살펴보지 않는다면 결과적으로 사회적 강자나 약자 모두에게 해가 될 수 있다는 것이다. 면접에서 경제민주화에 대한 질문을 받았다면 위의 수준으로만 언급해도 충분하다.

　토론 면접의 경우도 마찬가지다. 찬성 쪽이라면 경제민주화가 단기적으로는 강자에게 이해관계 양보를 요구하는 것이지만 장기적으로는 상생의 프레임을 강화해서 전체 파이를 더 키울 수 있다는 점을 강조하되, 사회적 논의가 포퓰리즘적 성격으로 흘러가고 있다는 점은 우리 모두가 경계할 부분이라는 식으로 말할 수 있다. 반대쪽이라면 경제민주화의 취지에는 당연히 공감하지만 지금과 같은 포퓰리즘적인 논의로는 진정한 경제민주화를 달성할 수 없다는 점을 강조하면 된다. 다수가 참여하는 토론 면접의 구조상 개인에게 주어지는 시간적 여유가 많지 않기 때문에 주제에 대한 뚜렷한 관점과 관련 사례들만 잘 설명해도 충분하다.

활용 가치가 높은
자료를 골라라

모든 자료가 다 쓸모 있는 것은 아니다. 좋은 자료를 선별하는 것도 중요하다.
한 분야의 전문가가 산업이나 시장을 카테고리화하여 정의하거나, 기업 경영에
직접적인 영향을 미칠 수 있는 트렌드를 짚어주고 있다면 바로 스크랩하자.

전문가의 인터뷰나 기고문으로 자소서의 완성도를 높일 수 있다고 해서 수많은 인터뷰와 기고문을 무작정 다 찾아볼 수는 없다. 구체적으로 어떤 유형의 지식과 정보에 초점을 둬야 활용도를 높일 수 있는지를 알아야 한다.

자소서 작성에 현실적으로 활용도가 큰 지식과 정보는 크게 두 개의 카테고리로 생각해볼 수 있다. 첫째는 석학들이 산업이나 시장을 시대별로 구분지어 개념을 정의하고 있는 인터뷰나 자료, 둘째는 트렌드에 대한 이야기를 하고 있는 자료다. 물론 이외에도 자신의 필요에 따라 얼마든지 다양한 자료를 여러 방법으로 찾아볼 수 있다.

첫 번째 카테고리부터 살펴보자. 한 분야의 석학들은 시대별로 뭔가를 규정하거나 특징짓는 것을 좋아한다. 예컨대, 기업 경영과 관련해서는 소비자와 관련된, 즉 인간에 대한 특징을 정의해놓은 것들이 있다. 경영학의 대가인 필립 코틀러Philip Kotler는 그의 저서 『마켓3.0』과 각종 인터뷰 등을 통해 "과거는 이성의 시대, 현재는 감성의 시대, 미래는 영혼의 시대"라는 표현을 썼다. 이처럼 누가 봐도 합리적인 논리와 예리한 지적을 보았을 때, 순간 번뜩이는 생각이 있어야 한다. "저 '영혼의 시대'라는 단어를 가지고 지원동기에 활용할 방법은 없을까" 하는 식으로 말이다.

리서치라는 것은 이런 흥미로운 단어나 시각을 발견한 다음 그 키워드를 갖고 여기저기 뒤져보면서 새로운 지식과 정보를 얻는 것이다. 그것들을 자기만의 논리나 시각으로 만드는 일은 각자의 몫이다. 영혼의 시대라는 단어로 인터넷을 잠깐만 검색해봐도 각종 블로그나 뉴스 인터뷰 등에서 다양한 내용들을 살펴볼 수 있다. 실제 '영혼의 시대'로 검색해보고 다음의 내용을 정리해보았다.

> 영혼의 시대가 요구하는 것은 제품을 기계적으로만 팔 것이 아니라 고객들에게 진정성을 보여주라는 것이다. 한 예로 컵에 손잡이만 있다고 해서 컵이 완성되는 것이 아니다. 이 컵을 손에 쥐고 음료를 마시고 싶다는 생각이 들게끔 멋진 디자인에 승부를 걸어야 사람의 영혼을 흔들 수 있다.

삼성그룹 이건희 회장이 1985년 디자인 경영 원년을 선언했는데, 이미

나만의 콘텐츠로 원하는 회사 바로 간다

30년 전에 이런 흐름을 이해하고 있었다는 것은 놀라운 일이다. 또 한편으로는 제품 자체에만 집중하는 것이 아니라 제품이 만들어지기 위해 공급되는 모든 원자재까지 공정하고 투명하게 처리하는 것도 영혼의 시대가 요구하는 마케팅 전략이다.

일반인에게도 익숙한 브랜드인 '벤엔제리Ben & Jerry', '아베다Aveda', '스타벅스Starbucks' 등이 대표적인 기업인데, 각각의 매장마다 어김없이 공정무역을 표방하는 포스트를 발견할 수 있다. 인터넷에서 신발을 판매하다가 아마존Amazon에 무려 1조 3,000억 원에 팔린 '자포스닷컴Zappos'이라는 회사도 흥미롭다. 고객센터 직원이 고객과 6시간이나 통화할 정도로 고객의 입장에서 문제를 해결하도록 한 이 회사의 경영방침은 제품이 아닌 영혼을 파는 기업의 전형적인 사례다.

중요한 부분은 지금부터다. 리서치로 이런 사례들을 모아보면 취준생의 전공이나 활동 경력에 따라 지원동기나 희망직무를 효과적으로 정해볼 수 있다. 만일 식품, 생물, 화학 관련 전공자인데 자소서 작성이 아직 막연하다면 일차적으로 '영혼'을 소중하게 생각할 만한 기업을 탐색해본다. 원자재 조달과 유통 등의 프로세스를 어느 기업보다 중요하게 생각할 것이므로 자신이 구체적으로 어떤 역할을 할 수 있는지를 생각해볼 수 있다.

이공계 계통의 지원자가 이런 경영 석학의 시각을 간단하게나마 활용해서 지원동기를 쓴다면 인사담당자의 공감을 이끌어내는 데 큰 도움이

지식과 정보로 예비 직장인이 되어라

될 것이다. 마케팅에 해박해야 한다는 생각을 버리고 교양과목을 공부하듯이 가볍게 접근하는 것이 오히려 바람직하며, 중요한 점은 현재 기업을 둘러싼 경영환경을 볼 줄 알고 거기에 자신의 역할이나 비전을 대입할 수 있는 프레임이 있어야 한다.

경제·경영과 같은 상경계 전공이라면 조금 더 섬세하고 구체적으로 다듬어주면 좋을 것이다. 전공에 맞추어 마케팅 전문가로의 비전을 설정하면서 개인적으로 '영혼의 마케팅'이라는 주제에 관심이 있었다고 전제해볼 수 있다. 그리고는 주제에 대한 시각을 가지기 위해 개인적인 공부를 어떻게 했는지 나타내고, 그 과정을 통해서 알거나 얻게 된 지식들을 적용해본 경험과 활동들을 정리하는 것이다. 마케팅 관련 공모전에 도전하였거나 개인적인 포트폴리오 같은 것을 소개할 수 있다면 인사담당자로서는 상당한 소양과 역량을 갖춘 지원자로 여기게 될 것이다.

두 번째는 트렌드를 담은 자료의 활용이다. 트렌드를 크게 구분해보자면 인구 및 사회구조 변화와 같은 거시적 측면과 소비자 기호나 심리의 변화와 같은 미시적 측면이 있다. 이 두 요소는 기업의 경영전략에 직접적이고도 즉각적인 대응을 요구하기 때문에 자소서에 이런 부분이 적절히 반영되면 호평을 받기 쉽다.

먼저 고령화, 1인 가구 증가, 이혼 인구 증가, 맞벌이 가구 증가, 주말부부 증가 등과 같은 인구사회 변화에 대한 자료를 찾아보는 것이다. 이 주제에 대한 자료는 국가기관, 경제단체, 민간연구소 등에서 매우 활발하

나만의 콘텐츠로 원하는 회사 바로 간다

게 생산하고 있고 개개인들의 관심도 높아서 인터넷 검색을 통해서도 재정리된 자료들을 많이 찾아볼 수 있다.

예를 들어, 금융업의 경우와 연관지어 자료를 분석해보면 인구 고령화가 진행될수록 주식 같은 위험자산보다는 채권과 예금 같은 안전자산이나 연금지급식 상품에 대한 수요가 증가하게 된다는 내용을 쉽게 발견할 수 있다. 실제로 이런 흐름을 반영하여 금융회사들도 안전자산에 대한 관심이나 이해도가 높은 사람을 선호한다. 따라서 금융회사를 지원한다면 채권이라든지, 금융포트폴리오 운용과 같은 주제를 자소서에서 다루면 경쟁자들과 차별화할 수 있다. 물론 트레이딩 부서처럼 업무영역에 따라서는 반드시 요구되지 않을 수 있다. 그렇지만 금융영업 전반에 큰 영향을 주는 트렌드이기 때문에 자소서나 면접 과정에서 이 부분에 대한 이해나 마인드를 중요하게 볼 수도 있다.

이런 메가트렌드는 금융권 외에도 외식, 화장품, 자동차, 렌트, 유통, 식음료, 레저 등 제조업과 서비스 대부분의 영역에 영향을 주고 있다. 1인 가구 증가가 어떤 수요를 유발하고 있는지, 맞벌이 가구가 증가하면 무엇이 더 필요해지는지, 노인 인구가 증가하면 서비스 방식은 어떻게 달라져야 하는지 등과 같은 질문을 던져보고 관련 자료를 찾아보는 식으로 답을 구해보는 시도를 해보자.

미시적인 측면에서 소비자의 심리와 관련한 트렌드 분석 자료를 하나 생각해보자. 최근의 주요 트렌드를 검색해보면 '프로슈머Prosumer'라는 단

지식과 정보로 예비 직장인이 되어라

어를 쉽게 발견할 수 있다. 제품을 개발할 때 소비자가 직접 혹은 간접적으로 개입한다는 의미인데, 생산자^{Producer}와 소비자^{Consumer}의 두 단어를 결합하여 프로슈머라고 지칭한 것이다. 물론 경영학계에서는 이미 20~30년 전에 소개된 개념이지만 최근에서야 일반인들의 눈에도 자주 띄고 있다.

프로슈머는 소비자의 소비성향과 심리 변화에 따라 기업의 경영전략에도 근본적인 변화를 요구하고 있어 중요하게 다뤄진다. 소비자는 이제 더 이상 소비만 하는 주체가 아니라 생산자의 도덕성이나 양심에도 적극적인 영향을 미치고자 하는 존재이기 때문이다. 요즘에는 애플 PC에도 MS윈도우를 설치할 수 있게 되어 있지만 얼마 전만 하더라도 애플은 애플 OS만 허용하는 PC를 만들었다. 그런데 어떤 소비자는 유독 애플 PC만 고집한다. 애플 제품이 더 훌륭해서만은 아니다. 독점적 위치를 활용하여 윈도우를 비싼 가격에 끼워 파는 마이크로소프트를 응징하는 메시지를 보여주겠다는 소비행위의 일종이다. 이런 소비자가 많아지면 결국 마이크로소프트도 시장의 이런 경고를 무시할 수 없게 된다. 소비에 철학적 개념이 반영되는 이런 프로슈머들의 등장은 전 산업 분야에 큰 경영 변수가 된다.

한편, 프로슈머와 관련해서 자료를 탐색하다 보면 '크라우드 소싱^{Crowd sourcing}'이란 단어를 발견할 수 있다. 소비자들의 이런 움직임을 적극적으로 반영한 경영전략이다. 크라우드 소싱은 집단지성의 힘을 활용하는 전략이다. 소비자들의 아이디어와 지식을 아예 자신들의 제품 생산에 접목시켜서 소비자들의 이해관계를 회사 내로 끌고 들어오는 것이다. 기업의 생산과정에 참여하게 되니 바로 이런 소비자가 '프로슈머'다.

물론 소비자의 의도나 동기 여부에 따라 프로슈머의 정의가 달라질 수도 있겠지만 과거와는 비교할 수 없을 정도로 소비자가 생산과정에 참여하는 일이 많아지고 있다. 관련 사례를 찾아보면 나이키의 iD서비스와 명품업체 코치Coach의 토트백 디자인 캠페인을 성공 사례로 꼽는다. iD서비스는 맞춤주문형으로 상품을 제작하는데, 소비자가 원하는 색상을 고르고 제품에 문자를 넣을 수 있게 한 것이다. 수많은 소비자가 그들의 취향대로 색상을 선택하면 나이키는 이것을 빅데이터화해서 고객의 취향을 반영한 제품을 선보이는 것이다. 코치는 공모를 통해 모인 소비자의 디자인 아이디어를 인소싱Insourcing화해서 고객과의 교감을 강화하는 전략을 취하고 있다. 크라우드 소싱 방식으로 디자인 이벤트를 실시하고 채택된 디자인을 제품화하면서 참여자의 이름도 새겨 넣어 준다.

만일 위의 내용을 탐색하였다면 이를 자소서에 활용할 방법은 다양하다. 예를 들면 자신의 동아리 활동이나 팀 프로젝트를 수행하는 과정에서 프로슈머와 크라우드 소싱 개념을 적용해서 무엇을 시도해보았다고 할 수 있다.

지원동기 측면에서는 이렇게 흐름을 잡아볼 수 있다. 즉 소비자 행동과 심리에 관심이 많은 지원자로서 입사 희망 기업이야말로 앞으로 프로슈

지식과 정보로 예비 직장인이 되어라

머와 크라우드 소싱의 필요성이 가장 요구될 것이라는 전망을 전제해본다. 그다음 자신의 경험이나 활동들이 그런 주제를 탐색하기 위한 것이었다는 논리로 접근하거나 혹은 경쟁기업이나 기타 영역에서의 성공 사례 같은 것을 흥미롭게 소개하면서 자신의 비전이나 소신을 그려보는 것이다. 지식과 정보가 만능은 아니지만 자신의 과거 경험과 활동들을 현재의 이슈 혹은 트렌드에 맞추어 자신의 주장하는 바를 보다 뚜렷하게 해줄 수 있다.

직장인을 위한
자기계발서와 친해져라

직장인을 위한 자기계발서는 직장인으로서 가져야 할 마음가짐이나 태도를 엿볼 수 있어 취준생들에게 큰 도움이 된다. 이를 염두에 두고 자소서를 작성한다면 자신을 내일 당장 출근시켜도 될 것 같은 지원자로 어필할 수 있을 것이다.

자소서를 작성해놓고 보면 처음에는 어쩐지 평이하다거나 도식적이라는 느낌이 들기 마련이다. 지식과 정보의 활용을 통해 이런 점을 보완할 수 있는 대안은 무엇이 있을까?

직장인을 위한 자기계발 서적이나 칼럼은 자소서 작성 시 활용도가 크다. 한 권의 책을 정독하기에 시간이 부족하다면 유명 작가의 온라인 블로그나 경영 관련 잡지 홈페이지에 올라온 칼럼을 찾아봐도 된다. 남의 글을 그대로 베끼라는 것이 아니다. 당연히 자신만의 스타일로 다시 표현해내는 것이 중요하다.

자소서는 어떻게 보면 직장인이 되겠다는 것을 전제로 하여 글을 쓰는

지식과 정보로 예비 직장인이 되어라

것이다. 그러므로 직장인에게 요구되는 여러 역량과 시각을 제대로 이해하는 것은 자소서 작성에 매우 중요하다. 여기에 필요한 재료가 많이 숨어 있는 곳이 바로 직장인들의 자기계발 관련 글들이다. 실제 자소서 작성에 어떤 글을 어떻게 활용하면 좋을지 짚어보고자 한다.

첫 번째는『직장인을 위한 변명』이라는 책에 나오는 내용이다. '말없이 말하는 방법'이라는 제목의 글 중에서 일부를 발췌하였다.

물론 회사 사회에서는 직위가 높아질수록 천성과는 맞지 않은 일도 해야 하는 경우가 많이 있다. 과묵한 사람이 대외업무를 맡는 경우가 그 예이다. 그런 때를 위해 이 정도는 준비해두면 좋다. 바로 '말없이 말하는 법'이다. 비즈니스 파트너를 만날 때마다 그와 그 회사에 대한 '질문'을 만들어가는 것이다. 당신은 갖고 간 질문만 던지고 그의 얘기를 경청하면 된다. 듣기 좋아하는 당신의 천성에도 맞다. 상대는 오랜만에 말이 통하는 사람을 만났다며 흐뭇해할 것이다.
수년 전 미국 출장을 함께 갔던 언론계 동료의 비결을 소개한다. 그는 연일 이어지는 미국 현지인들과의 2시간짜리 만찬을 즐겼다. 비밀은 바로 질문법. 그는 매일 바뀌는 미국 인사들과 일상적인 인사를 교환하고는 바로 논란의 여지가 있는 질문을 던져 그들끼리 토론하게 만들었다. 예를 들면 이런 것이다. "케네디가 죽은 이후에 아메리칸 드림은 없어졌다는 말이 있던데, 어떻게들 생각하시나?" 합석한 미국인들은 포크와 나이프도 놓은 채 얼굴을 붉혀 가며 서로 격론을 벌였다.(이하 생략)

위 내용은 말주변이 부족한 직장인이 말을 잘하는 쪽으로 자기계발을 하는 것만이 능사는 아니라는 지적이다. 적절한 대안이나 방법을 개발하

나만의 콘텐츠로 원하는 회사 바로 간다

여 자신의 부족한 부분을 보완하는 것이 훨씬 효과적이고 현실적이라는 설명이다. 이런 내용은 비단 직장인에게만 국한되는 것이 아니라 취준생에게도 얼마든지 적용할 수 있다.

위 내용에서 자소서 활용도가 높은 부분은 바로 '질문법'이라는 것이다. 자신의 단점에 대해 기술할 때를 가정해보자. 만일 과묵한 성격이 자신의 단점이라고 기술하는 경우라면 가장 어려운 점은 어떻게 단점을 극복하려고 했는지에 대한 부분일 것이다. 그저 다양한 사람들과의 만남과 대화를 통해 이를 극복하려고 했다는 식으로 흘러가면 평범해질 수밖에 없다.

인사담당자가 기대하는 것은 공감과 흥미를 가질 만한 구체적인 실천 경험이다. 위의 글에서 착안해보면 자기만의 질문법을 만들어서 남들과의 만남이나 단체활동 때 적극적으로 시도해보았고, 그 결과 자신의 이미지를 어떻게 업그레이드시킬 수 있었는지 어필할 수 있다. 분량상 여유가 있다면 자기만의 노하우가 담긴 질문법은 무엇인지에 대해서도 설명함으로써 설득력을 배가시킬 수 있다. 실제로 이런 구체적인 내용이 반영되면 면접에서도 이와 관련된 질문을 받을 가능성이 높기 때문에 준비만 잘해두면 효과 만점의 콘텐츠가 될 수 있다.

두 번째는 『회사가 희망이다』라는 직장인 자기계발서이다. '괴롭히는 상사가 좋은 상사'라는 제목에 나오는 내용의 일부다.

지식과 정보로 예비 직장인이 되어라

얼마 전 타계한 고려대의 김인수 교수님은 여러 사람이 존경하는 훌륭한 분이다. 그 분의 제자로부터 들은 얘기이다. "김 교수님은 까다롭기로 유명합니다. 특히 석박사 과정에 있는 학생들에게는 죽음입니다. 교수님 사전에 대충, 대강이란 단어는 없습니다. 어떤 학생은 거의 10년을 박사과정에 있기도 합니다. 졸업을 안 시켜주는 것이지요. 보다 못한 학생이 너무하는 것 아니냐는 식으로 따졌더니, '제 역할은 높은 목표를 설정해주는 것입니다. 어떻게 그 목표를 달성하느냐는 학생들의 몫이지요.'" (중략)
최악의 상사는 부하직원을 편하게 해주는 사람이다. 그 사람 밑에서는 별다른 노력 없이도 얼마든지 생활할 수 있다. 당시에는 편하고 좋지만 그런 사람과 같이 있다 보면 아무런 발전 없이 나이만 먹은 자신을 발견하게 된다. 그런 상사보다는 당장은 힘들고 괴로워도 지적 자극을 받고 배울 게 있는 상사가 좋은 상사이다.

이 내용을 읽고 자소서에 어떻게 활용하면 좋을까? 일단 저자는 최악의 상사는 부하직원을 편하게 해주는 사람이라는 지적을 강한 어조로 하고 있다. 엄한 스승을 만나야 열매를 맺을 수 있다는 보편적인 논리가 결합되어 있으므로 직장인이 배워야 할 자세임에는 분명하다. 그러나 일단 취준생 입장에서는 직장생활에 있어서의 이런 성공 방정식을 자신의 성장배경이나 동아리 경험 등에 문제의식이나 관점으로 활용할 수 있을 것이다. 동아리 활동 경험과 관련한 내용을 작성할 때 다음과 같은 흐름이면 어떨까.

어릴 적부터 부모님으로부터 엄격한 가정교육을 받으면서 최고의 스승은 최고로 높은 목표를 설정해주는 존재라는 시각을 갖게 되었다.

조직생활을 앞둔 사람으로서 최고의 일터는 부하직원을 최대한 괴롭혀주는 상사를 잘 만나는 데서 비롯된다고 생각한다. 최악의 상사는 오히려 부하직원을 편하게 해주는 사람이라고 생각한다. 그래서 내 생활신조도 'No pain, no gain'이다. 지식정보 사회랍시고 개인의 역량을 개인에게만 맡겨두는 것은 조직의 성과 측면에서 바람직하지만은 않은 것 같다.

취업한 선배들이 취직한 뒤 얼마 되지 않아 상사와의 갈등으로 퇴사하거나 이직하는 경우를 종종 봤다. 나름의 이유야 있겠지만 조직원으로서 가져야 할 애티튜드Attitude에 문제가 있다는 생각이다. 조직생활을 하다 보면 약간은 부당하게 느껴지고 때로는 자신의 한계를 넘어서는 일도 있겠지만 이런 것들을 자기 성공의 촉매로 활용하지 못한다면 그저 평범한 사람으로만 남아 있게 될 것이라 확신한다.

동아리 활동을 하면서도 이런 의지를 최대한 실천하려 했다. 후배들을 인격적으로 대접하되 확실한 목표와 실천의지를 가지고 있는지 점검했다. 동아리 가입 초반에는 후배들이 힘들게만 생각하고 재미를 느끼지 못했지만 일관되게 여러 프로그램을 지속하면서 이런 상황이 정반대로 바뀌어가는 것을 목격했다. 작은 목표를 하나씩 달성할 때마다 작은 즐거움의 의미를 새기게 되었고, 이것이 결국 큰 목표를 추진하고 달성해나갈 수 있는 자양분이라는 것을 구성원 모두가 공유하는 단계까지 갈 수 있었다. 동아리라는 작은 조직에서 얻은 경험이지만 회사와 함께 멀리 가는 데도 적용해보고 싶다.

'동아리 등 대내외 활동을 통해서 무엇을 얻었는가'라는 질문을 받았을 때 단어는 쉽지만 논리는 어렵다는 점을 느꼈을 것이다. 조직생활의 지혜를 담은 자기계발서에서 좋은 실마리를 손쉽게 찾을 수 있다.

세 번째는 구본형 작가의 직장인의 자기계발을 위한 글이다. 아래 글은 구본형변화경영연구소 홈페이지에 실려 있는 '결정의 법칙'이란 그의 칼

지식과 정보로 예비 직장인이 되어라

럼에서 가져왔는데, 한 대기업의 사보에 기고된 것이다.

나는 우유부단한 기질을 가지고 있다. 3가지 선택과 결정의 원칙을 정해두고 따르다 보니 대단히 도움이 되었다.

첫 번째 원칙, '작은 결정은 즐거움을 따라라.' 수시로 일어나는 일상의 선택에 목숨 걸 필요 없다. 점심 메뉴를 정하거나 영화를 보러 가거나 여행지를 골라야 할 때는 마음이 가는 대로 따르면 된다. 선택이라는 인식이 작동하지 않도록 하는 것이다.

두 번째 원칙, '항로가 바뀔 때는 어떤 경우든 북극성을 버리지 마라.' 북극성은 삶이라는 대해大海에 나라는 배가 닿아야 할 항구까지 나를 인도하는 길잡이다. 이 북극성이 바로 비전이다. 인생이라는 바다를 항해할 때 우리는 여러 곳의 항구에 기착하게 된다. 그때마다 우리를 이끄는 것이 북극성이라는 비전이다. 삶의 항로가 바뀔 만큼 중대한 결정을 할 때는 반드시 북극성에 비추어 항로를 잡아야 한다.

세 번째 법칙, '100퍼센트 실패, 퍼펙트 실패를 겪어라.' 의사결정을 할 때는 늘 실패에 대한 부담이 따른다. 선택 자체가 리스크이기 때문이다. 따라서 실패에 대한 태도가 긍정적일 때 선택은 훨씬 적극적일 수 있다. 그럭저럭 성공하는 경우가 있다. 이건 독이다. 고인이 된 산악인 고영석은 명언을 남겼다. 그는 위대한 실패에 대하여 이렇게 말한다. "실패할 때는 100퍼센트 최선을 다해 실패해야 한다. 그러면 그 실패가 확실한 내 것이 된다. 100퍼센트 최선을 다하지 않은 실패는 이내 다른 실패로 이어지게 마련이다. 이유를 모르기 때문이다. 퍼펙트 실패가 아니면 늘 후회가 남는다."

일을 시작할 때 선택과 결정에 대한 그의 시각은 자소서 작성에 활용할 여지가 많다. 위의 내용 자체를 자소서 질문의 답변으로 대체할 수는 없

나만의 콘텐츠로 원하는 회사 바로 간다

겠지만 자신의 경험이나 활동과 관련된 내용들을 기술할 때 가볍게 활용해볼 수 있다. 예컨대, 자신이 어떤 대회에 참여하였다면 그것을 결정할 때 위에서 언급된 세 가지(혹은 자기만의 원칙) 원칙에 따랐다는 식으로 기술하는 것이다.

> A대회에 도전할 때 제 나름대로의 세 가지 원칙이 있었다. 첫째는 즐거움에 따른 선택이 되도록 하기 위해 준비과정을 하나의 게임으로 만들었다. 작은 목표를 하나씩 달성할 때마다 스스로에게 이러저러한 인센티브(각자의 아이디어대로 하면 될 것임)를 부여하고, 달성하지 못했을 때는 페널티를 줘서 스스로를 독려했다. 둘째는 내가 달성하고자 하는 비전을 하루도 빠짐없이 되새겼다. 항로를 잃지 않기 위해 북극성을 비추어보듯이 말이다. 성공하는 사람들의 공통점도 좋은 생각이나 습관을 매일 실천하는 데 있다고 생각한다. 셋째는 대회에 입상하지 못하더라도 100퍼센트 실패를 경험해보자는 심정으로 임했다. 그래야만 그 실패를 내 것으로 만들 수 있다고 생각했기 때문이다(실제로 입상에 실패했다면 도전을 통해서 어떤 것을 얻었는지 기술하면 될 것임).

이 밖에도 교환학생, 봉사활동, 대내외 활동, 자신의 성격 등 여러 영역에 걸쳐 이런 글들은 활용의 여지가 많다. 국내 주요 기업에서 발간하고 있는 사보나 경영 관련 잡지에 기고된 자기계발 전문가들의 칼럼도 큰 도움이 된다.

지식과 정보로 예비 직장인이 되어라

지원동기는 주도면밀해야 한다

많은 취준생들은 지원동기를 추상적이고 막연한 느낌으로 쓴다.
지식과 정보를 활용해 작성된 지원동기는 구체적이고 지원자의 분명한 시각을 전달할 수 있다.

지원동기는 자소서 작성 시 취준생들이 가장 애를 먹는 부분이다. 지원동기를 쓰는 데 있어 일정한 룰이 있다고 하기는 어렵지만 지식과 정보를 활용하는 방식을 참고한다면 글의 프레임을 잡는 데 유용할 것이다.

미디어 관련 전공자가 패션디자인 잡지사를 겨냥하면서 지원동기를 작성한다고 하자. 일단 잡지사인 만큼 산업과 관련한 이슈가 무엇인지 탐색해봐야 한다. '잡지 미래'라는 키워드로 검색을 해보자. 잡지의 미래라는 제목으로 블로그에 올라 온 여러 내용들이 나타났다. 그중에서 '디지털미디어 시대, 잡지의 미래는'('더피알') '잡지의 미래'('에스티마의 인터넷 이야기') '아이패드 잡지의 미래는'(〈보그코리아〉) 등이 검색되었다. 이 글들은 공통적으로 디지털 잡지의 가능성을 지적하고 있다. 오프라 윈프리^{Oprah} Winfrey가 발간하는 디지털 잡지의 경우 이미 수백만 명의 구독자들을 확보하고 있으며, 스마트패드로 구현하기 때문에 동영상을 활용한 책 소개나 요리 만들기 등 독자들에게 다양한 경험을 제공하고 있다는 사실을 알 수 있었다. 잡지산업과 관련해서 디지털 잡지가 큰 트렌드이자 이슈가 되고 있다는 점은 분명하다.

이제 검색할 키워드는 '디지털 잡지'이다. 국내에서도 CJ E&M 등 몇몇 기업 중심으로 디지털 잡지가 본격적으로 도입되고 있다는 점, 그리고 디지털 매거진 구독료를 올려야 할지 내려야 할지에 대한 논란이 존재한다는 점 등의 내용을 확인할 수 있다. 국내에서도 디지털 매거진에 대한 관심은 높아지고 있지만 미국과는 달리 구독료에 대한 소비자들의 저항이 매우 강하다는 점이 지적되고 있다. 이는 주요 대기업에 비해 재무여건이 상대적으로 취약한 국내 잡지사들에게는 큰 부담요인이자 동시에 앞으로 풀어야 할 과제이기도 하다. 하지만 동영상과 모바일을 통한 광고와 소셜 커머스로 사업영역을 확장할 수 있다는 메리트는 분명히 존재하므로 구독료 문제가 이런 트렌드를 막을 수는 없다고 추론해볼 수 있다.

지식과 정보 탐색을 이 정도로 해보았다면 이제 남은 일은 중간 정리를 해보고 지원동기의 흐름을 잡는 것이다. 아래 흐름에 따라 각각의 내용을 정리해보면서 일부 내용은 지원동기 외 대내외 활동이나 자신의 재능을 묻는 질문에도 활용할 수 있다.

지식과 정보로 예비 직장인이 되어라

A : 미디어 전공자로서 잡지산업의 최근 흐름과 미래 방향을 살펴본다.

B : 그중에서 모바일 디지털 잡지의 성장 가능성, 그에 필요한 동영상 콘텐츠의 필요성을 피력해본다(여기서는 미디어 전공자로서 간단한 동영상 콘텐츠 작성은 가능하다고 가정함).

C : 본인이 그러한 능력을 가진 지원자라는 것을 무엇을 통해 보여줄지를 정리해본다. 여기에서 정리된 내용은 필요에 따라 대내외 활동이나 경험을 묻는 질문에도 활용한다.

D : 능력을 더 개발하기 위해 개인적으로 노력했던 일을 정리해본다. 예컨대, 동영상을 제작하는 일 외에 글 쓰는 능력, 광고사진 촬영 등. 특히 화장품이나 의류 등에 집중했다고 할 수 있으면 화장품과 의류 상품 동영상과 사진 촬영 활동을 통해 나름대로 알게 된 노하우 같은 것들을 정리해본다. 지원동기에 다 넣지 못한 내용은 자신의 장점이나 성취했던 일에 대한 내용으로 활용한다.

이런 흐름에 따라 지원동기를 다음과 같이 기술해볼 수 있다.

1. 미디어 전공자로서 2학년까지는 잡지보다는 방송에 관심이 많았다. 공중파에서 케이블로 산업이 커지면서 고액연봉의 스타급 전문가들이 눈에 먼저 들어왔던 것이 사실이고 전공도 거기에 맞춰져 있었기 때문이다. 그러나 3학년이 되고 직업전문가들의 조언을 참고하게 되었다. 목표는 같더라도 달성할 수 있는 채널은 여러 가지가 존재할 수 있었다. 특히 자신의 경쟁력을 남이 잘 도전하지 않는 분야에서 전략적으로 펼쳐야 성공 가능성도 그만큼 더 높다는 이야기에 공감이 갔다.

2. 그러던 중 우연한 기회에 오프라 윈프리가 발행하는 잡지가 아이패드를 통해 멋지게 구현되는 장면을 유튜브를 통해 봤다. 잡지 속 광고의 경우 종이 잡지와 달

나만의 콘텐츠로 원하는 회사 바로 간다

리 동영상으로 볼 수도 있고 마음에 들면 옆 메뉴를 눌러 구매로 곧장 이어질 수 있는 유저인터페이스[UI]가 매력적이었다. 가사의 여왕 마사 스튜어트도 동일한 콘셉트로 디지털 잡지를 발간하고 있는데 이미 수백만 명의 구독자를 확보하고 있었다.

3. 문득 "바로 이거야"라고 생각했다. 치열한 경쟁 속에 있는 잡지사가 구독료를 비싸게 책정하는 것만으로는 경영전략상 한계가 있으나 앞의 모바일 잡지처럼 광고를 매력적으로 제작하여 구매로 연결시킨다면 새로운 성장동력이 될 수 있을 것이다.

4. 국내에도 몇몇 기업들이 구현하고 있는데, 제가 파악한 바로는 형식은 비교적 잘 갖춰져 있는 것에 비해 구매욕구를 유발하는 영상 부분은 발전의 여지가 커 보였다.

5. 잡지사 직원으로서 마케팅 역량도 잘 수행해야겠지만 모바일 잡지를 통한 광고 매출의 새로운 가능성에 도전해보고 싶다. 국내시장 환경이 아직은 이익보다는 투자가 선행되어야 하는 점들도 있겠지만, 디지털 잡지와 광고 시장의 미래만큼은 매력적이라 생각하여 지원을 결정하게 되었다.

위의 글은 잡지에 대한 관심이 구체적으로 어떻게 해서 생겼는지를 보여주고 있다. 국내 잡지사의 경우 잘나가는 전자나 IT계열 대기업과 달리 일은 많지만 보상은 상대적으로 높지 않은 편이다. 하지만 일 자체에 매력을 느끼고 자신의 재능을 마음껏 발휘하고 싶어 하는 지원자도 많다. 회사로서는 그저 취업만을 노리는 사람보다는 진심으로 문을 두드리는 지원자를 찾고자 할 것이므로 이 부분에 임팩트를 주기 위한 내용이 필요하다.

지식과 정보로 예비 직장인이 되어라

그다음은 본격적으로 지원동기가 무엇인지를 기술해주고 있다. 디지털 잡지만 언급하면 다소 공허할 수 있지만 동영상 구현을 통한 새로운 매출방식을 이야기함으로써 앞으로 잡지란 어떤 방향으로 가야할지에 대한 자기만의 관점을 분명하게 보여주고 있다. 또한 잡지사가 구독료를 비싸게 책정하는 것만으로는 경영전략상 한계가 있다는 표현을 넣어줌으로써 잡지사에 지원하기 위해 많은 고민이 있었음을 부각시키고 있다.

마지막으로 국내 시장을 간단히 평가한 다음 여전히 기회가 많다는 점을 지적함으로써 자신의 지원동기를 강화하고 있다. '이익보다는 투자가 선행되어야 하는 점들도 있겠지만'이라고 표현해줌으로써 지원자가 회사와 이해관계를 함께하는 사람이라는 생각을 들게 한다. 인사담당자로서는 지원자를 당장 부서 내에 배치하더라도 일을 잘해낼 것이라는 느낌을 받을 수 있다. 이처럼 지식과 정보를 적절히 활용해서 지원동기를 작성하면 보다 구체적이면서도 분명한 시각을 전달할 수 있다.

나만의 콘텐츠로 원하는 회사 바로 간다

적을 알고 나를 알아야 이긴다

취준생에게 기업 분석은 가벼운 일이 아니다. 설사 경영학 전공자라고 하더라도 취업을 위한 기업 분석은 어디서부터 어떻게 시작해야 할지 난감한 일이다. 그럼에도 불구하고 취업 준비를 하는 데 있어 입사 희망 기업에 대한 분석은 꼭 필요한 일이고 갈수록 더욱 중요해지고 있다. 취업 경쟁이 보다 치열해짐에 따라 기업으로서도 그들 기업에 취업하기 위해 지원자가 얼마나 치열하게 고민하고 준비해왔는지를 볼 수밖에 없다.

이런 요구를 충족시키기 위해서는 관련 산업, 시장, 소비자, 이슈 등에 대한 이해를 바탕으로 해당 기업의 핵심 가치와 내부 역량 등을 살펴봐야 한다. 하지만 전공에 따라 이런 기업 분석이 익숙하지 않을 수 있다. 그러나 그렇다 하더라도 너무 부담을 가질 필요는 없다. 어떠한 사실들이 있는지, 그리고 그 내용들이 어떤 의미를 지니고 있는지 대학생 수준에서 이해하면 충분하다고 생각한다.

어떻게 보면 기업 분석보다는 기업 탐색이라는 표현이 더 어울릴지도 모르겠다. 엔지니어링이나 소프트웨어 같은 분야는 기업들이 전문지식에 대한 심층적 이해를 요구하기 때문에 비전공자가 접근하기는 현실적으로 어렵겠지만 일반적인 직무영역이라면 전공 여부에 크게 구애받지 않아도 된다. 대신 기업을 다양한 각도에서 분석하고 이해한 뒤 자소서와 면접을 준비해야 한다. 만일 역사나 인문학 분야를 전공해서 기업경영과는 동떨어진 것 같다고 하더라도 입사하려는 기업이 속한 산업과 시장 그리고 그들의 제품을 구매하는 소비자들에 대한 기본적인 이해만 있어도 취업 준비에 큰 도움이 된다.

  보통 기업 분석이라고 하면 스왓^{SWOT} 분석과 같은 표준화된 툴을 떠올리기 쉽다. 물론 기업의 경쟁력과 기회요인 등을 하나의 도표로 만들어 보면 의미는 있겠지만 막상 취준생이 이를 얼마나 활용할 수 있을지는 의문이다. 물론 SWOT 분석의 뼈대 위에서 다양한 리서치 활동은 얼마든 가능하겠지만 전문가가 아닌 이상 그것도 기대할 수는 없다.

  이런 점을 감안하여 이 책에서는 경영학뿐만 아니라 그 밖의 다른 전공을 공부한 취준생들이 기업의 니즈에 초점을 맞춰 실질적인 기업 분석을 할 수 있도록 그 요령과 활용전략을 짚어보고자 한다. 무엇보다 경영학에서 바라보는 기업 분석의 최소한의 범위 내에서 기본적인 주제들을 다루는 만큼 이해하는 데 큰 어려움은 없을 것이다.

업業을 이해하면
기업이 보인다

업종 트렌드의 이해

먼저 산업을 이해하는 손쉬운 방법은 최근의 트렌드를 체크하는 것이다. 어떤 산업에서 새로운 트렌드가 생겨났다면 기업으로서는 경영에 큰 영향을 받을 수 있으므로 전략 수립 시 비중을 두고 검토하기 마련이다. 적어도 어떠한 트렌드가 유행하고 있다는 사실을 알고 그런 트렌드에 간단하게나마 자신의 마케팅이나 영업 아이디어를 결합시켜보려는 노력이 필요하다.

예를 하나 살펴보자. CJ그룹 공식 블로그인 CJ Life에 '평범한 빨래건조대가 홈쇼핑 히트상품?'이라는 소개글이 올라와 있다. 한 국내업체가 만든 빨래건조대가 인도시장에서 히트를 쳤는데 그 아이디어를 어떻게 언었는지에 대한 내용이다. 즉 몬순 기후로 3개월 내내 우기인 인도의 날씨와 좁은 아파트 거주자가 계속 늘고 있다는 점, 세탁기 보급률이 낮아 크고 무거운 인도 전통의상 '사리'를 그대로 건조하는 집이 많다는 점 등에 착안했다고 한다. 그래서 빨래건조대의 강도와 지지력을 보강해서 론칭한 결과 히트로 이어진 것이다.

이외에도 기사에는 일본에 건너가 실내운동기로 히트를 친 업체도 소개하고 있는데, 왜 트렌드를 이해하는 것이 중요한지 잘 보여주고 있다. 대지진 이후 일본인들의 방사능에 대한 경계심이 높아짐에 따라 실내 거주 시간이 늘어나고 있는 트렌드에 주목한 것이다. 제작업체는 실내에서 뛰더라도 아래층에 진동이 전달되지 않도록 설계해서 실내운동기를 출시했는데 이것이 대박을 친 것이다.

이처럼 자신이 지원하려는 산업과 관련해서 소비자들의 니즈나 사회적 변화를 살피고 작은 트렌드를 찾는 노력을 하다 보면 지원동기나 입사 후 포부를 기술할 때 구체적인 논리와 근거를 대기가 쉬워진다.

트렌드 파악을 위해 기존 제품이 그 밖의 다른 영역의 기술 등과 결합해서 새로운 가치를 창출하고 있는 경우는 없는지 살펴보는 것도 중요하다. 오늘날의 게임산업을 있게 한 살아있는 전설로 불리는 이드소프트^{ID Soft}의 창업자인 존 카멕^{John Carmack}은 자신이 만든 〈둠^{Doom}〉과 〈퀘이크^{Quake}〉 시리즈가 점점 설 자리를 잃게 되자 2011년 가상현실기기 제작업체인 오큘러스 VR^{Oculus VR}의 CTO(최고기술경영자)로 이적한다. 2014년 봄, 이 업체는 페이스북에 무려 2조 2,000억 원에 피인수되면서 세간의 이목을 끌었다. 세계적인 게임전문가가 기존 게임에 가상현실기기를 결합시키려 했던 이러한 시도도 최근 트렌드 중 하나로 생각해볼 수 있다.

이와 같은 맥락으로 어떤 업종이건 기존 상품에 새로운 하드웨어나 소프트웨어를 결합시키려는 움직임이 있다면 이를 자신의 콘텐츠로 활용할 수 있는 부분이 있는지 적극적으로 생각해봐야 한다.

산업의 특성

산업의 특성을 이해하는 방법은 다양하지만 여기서는 자소서 활용의 관점에서 살펴보고자 한다.

우선, 글로벌 업체와 비교해서 수익성 부분을 체크해볼 필요가 있다. 예컨대, 국내 영화 제작사나 게임업체의 경우 글로벌 기업에 비해 제작 규모나 수익 규모가 작은 편이다. 영화 〈타이타닉〉의 경우 2,300억 원이 투자되어 2조 원의 수익을 올렸다. 〈아바타〉도 2,400억 원으로 3조 원을 벌어들였다. 국내에서는 그나마 〈괴물〉이 110억 원의 제작비로 790억 원의 수익을 올려 성공 사례로 꼽힌다. 제작비가 비교적 많이 투입된 〈설국열차〉는 430억 원이 투자되었는데 약 600억 원 정도의 수익을 올렸다고 한다. 하지만 해외 메이저 영화사와 비교하면 갈 길이 멀다.

나만의 콘텐츠로 원하는 회사 바로 간다

대부분의 국내 대다수 업종의 상황도 이와 다를 바가 없다. 따라서 관련 산업에서의 이러한 수익성 구조를 잘 비교해서 앞으로 나아가야 할 방향을 제시하는 식으로 지원동기나 입사 후 포부을 작성하면 유용하다.

산업의 특성을 '업의 본질'이라는 측면에서 바라볼 필요가 있다. 삼성 이건희 회장이 호텔신라의 경영진에게 '호텔업의 본질이 뭐라고 생각하냐'는 질문을 했다고 한다. 숙박업이라고 하면 너무 뻔한 대답일 것 같았는지 경영진이 대답을 주저하자 이 회장은 '숙박업보다는 부동산업이라는 관점에서 바라봐야 한다'는 지적을 했다고 한다. 일본의 호텔들을 보면서 그렇게 생각한 것이다. 실제로 일본의 호텔들이 미개발지에 입지하면서 그 주변이 개발되었고, 역으로 호텔의 자산가치가 함께 급상승하였을 뿐만 아니라 미리 매입해둔 주변 땅에 상가나 건물이 들어서면서 임대료 수입도 올릴 수 있었다. 모든 호텔이 이렇지는 않겠지만 관련 업종이나 리더 위치에 있는 기업이라면 참고할 만하다.

이처럼 산업을 바라볼 때 정해진 업종에만 국한되지 않고 유연한 시각으로 해당 산업이 어떻게 변신할 수 있는지 생각해봐야 한다.

한편, 산업의 특성을 이해하기 위해선 전후방의 연관 산업을 꼼꼼히 따져봐야 한다. 이런 부분을 잘 살피게 되면 자신의 전공으로 지원할 수 있는 영역이 크게 확장될 수 있다.

현대차의 예를 들어보자. 피상적으로만 생각하면 현대차에 입사하려면 문과 쪽 전공은 경영·경제 그리고 이과 쪽은 기계공학, 전자 및 컴퓨

적을 알고 나를 알아야 이긴다

터공학, 물리학, 자동차공학 정도가 떠오른다. 하지만 산업 중의 산업이라고 불리는 자동차산업에 필요한 인력은 수없이 많다. 앞에 열거한 전공으로만 국한해서 본다면 큰 숲의 나무 한두 그루만 보는 것밖에는 안 된다. 자동차산업의 후방에는 철강, 금속, 유리, 고무, 플라스틱, 섬유, 도료, 연료전지 등과 같은 소재산업이 넓게 자리 잡고 있다. 당연히 현대차로서는 이런 소재들에 해박한 우수 인재들을 많이 확보해야 품질 경쟁력을 확보할 수 있을 것이다.

요즘은 또 어떤가? 스마트카 시대를 대비하고 있으니 통신, 인터넷, 모바일 영역도 요구되고 있다. 자신의 전공이 기계, 전자, 소재, 화학 쪽이 아니어도 관심 활동이나 특기사항의 개발 여부에 따라 현대차에 얼마든지 지원할 수 있다. 전방에 위치하고 있는 분야는 여객 운송, 화물 운송, 자동차 판매, 운수 서비스, 정비, 정유, 스포츠, 레저 등등인데 이 역시 광범위하다.

본인의 전공이 만일 스포츠 관련 쪽이라면 어떤 준비를 할 수 있을까? 찬찬히 보면 스포츠와 레저 분야가 보일 것이다. 스포츠와 레저 쪽이야말로 멋을 즐기는 사람이 많아야 할 곳이다. 또한 건강한 몸과 평화로운 마음의 중요성에 관심이 많아야 할 것이다. 스포츠 전공자라면 이런 요소에 초점을 두고 이 분야만은 자신이 최고라고 할 수 있는 재능을 개발하고 관련 활동을 꾸준히 해나가는 것이 취업 경쟁력을 높이는 방법이다.

마지막으로 산업의 특성을 디테일하게 따져볼수록 전공과의 연계성을 찾기 쉬워진다. 백화점산업을 한번 보자. 백화점은 최소 3,000제곱미터 이상의 규모를 갖추고 제반 시설을 갖춰야 하는 장치산업의 특성을 갖고 있다. 입지가 중요하고 내수 경기에 대한 민감도가 높으며 산업의 수명 주기상 롯데, 신세계, 현대의 빅3 중심으로 성숙기에 놓여 있다는 특성이 있다. 산업의 특성을 이렇게만 열거하면 내 취업 전략에 어떤 내용을 어떻게 활용할지 알기 어렵다. 때문에 산업을 좀 더 디테일하게 생각해봐야 한다.

입지의 중요성은 향후 백화점 추가 출점 시 가장 큰 고려사항이 될 것이다. 대학 내에 '입지' 전공은 존재하지 않지만 만일 지원자가 전공과 무관하더라도 대학생활 내내 국내 최고의 입지 분석 전문가를 목표로 부동산 공부뿐만 아니라 해외 사례 등을 꾸준히 찾아봐왔다면 회사로서는 매우 진정성 있는 지원자로 판단할 것이다. 만일 통계학 전공자가 상권 분석 전문가를 목표로 하여 인구 구성, 소득수준, 소비수준, 소비취향, 교통 여건 등의 요소들을 체계적으로 분석할 수 있다는 자신감을 보여준다면 다른 지원자와 확실히 차별화할 수 있다. 요즘 이슈인 빅데이터에 대한 이해도 함께 보여줄 수 있다면 더 훌륭할 것이다.

이처럼 산업의 특성을 세밀하게 분석하게 되면 자신의 전공과 연결된 지원동기를 의외로 쉽게 찾을 가능성이 높다.

적을 알고 나를 알아야 이긴다

수요와 공급상의 특징

해당 산업의 수요와 공급은 회사의 매출과 수익성에 결정적 역할을 하기 때문에 경영자들이 가장 신경 쓰는 부분이다. 하지만 갑자기 어느 날 수요와 공급이 급격하게 변하는 일은 드물기 때문에 막상 CEO의 사무실에서 관계자들끼리 이로 인해 일희일비하는 일은 잘 일어나지 않는다. 그렇지만 전략회의와 같은 중요한 자리에서는 수요와 공급상의 변수들이 항상 주제로 다뤄지고, 면접에서도 '지원자가 CEO라면 어떻게 대응하겠냐'는 식의 질문이 주어질 수 있으므로 상식의 개념으로 공부해둘 필요가 있다.

일단 회사 매출에 큰 영향을 주거나 줄 수 있는 수요상의 변수는 무엇이 있는지 알아보고 최근 흐름과 시사점을 체크해보자. 예를 들면 분야에 따라 원자재의 국제가격 변동에 따른 수익성 변화, 환율의 움직임에 따른 수출 경쟁력 여부, 노후준비 관심에 따른 절세상품의 수요 증대 등이 있을 것이며, 인터넷을 검색해보면 각 주제별로 최근 흐름과 시사점 정도는 간단히 파악할 수 있다.

다음은 고객, 즉 소비자의 소득수준이 변함에 따라 해당 기업의 주력상품은 어떤 영향을 받는지 파악해봐야 한다. 예를 들어 여러 제품군을 갖고 있는 자동차업체의 경우 가계소득의 수준 변화에 따라 경쟁업체와의 가격경쟁 및 마케팅 전략 등이 모두 달라질 수밖에 없다. 따라서 소득수

나만의 콘텐츠로 원하는 회사 바로 간다

준 변화에 영향을 많이 받는 업체일수록 마케팅이나 전략 수립에 자질이 있는 사람을 찾고자 할 것이라고 생각하면 틀림없다.

회사의 주력 상품에 대한 수요가 증가세, 하락세, 정체 중 어떤 상황인가를 보는 것도 좋다. 회사 주력 상품에 대한 수요가 증가세에 있다면 해당 회사는 성장기에 접어들었거나 성장의 기회를 가지게 되었다고 볼 수 있으므로 이때는 동종이든 아니든 해외 기업들의 성장 스토리를 찾아보고 그 과정에서 어떤 메시지를 얻었는지를 자소서의 지원동기와 같은 항목에 쓸 수 있다.

얼마 전 큰 히트를 친 '허니버터칩'의 사례로 간단히 생각해보자. 알다시피 '허니버터칩'이 엄청난 인기몰이를 하면서 해당 회사는 물론 유사한 제품을 판매하는 회사들까지 새로운 마케팅과 영업 전략이 필요하게 되었다. 아마 회사들마다 연일 감자칩 관련 전략회의가 열렸을 것이다. 이런 상황이 충분히 그려진다면 취준생이 할 일은 감자칩과 동일하지는 않더라도 구조적으로 이와 유사한 국내외 경영 사례를 찾아보고 그 안에서 간략한 시사점을 뽑아보는 것이다. 이와 같은 과정을 거치면서 자신만의 콘텐츠를 효과적으로 구축할 수 있다.

또한 해당 회사의 주력 상품 또는 서비스를 대체할 수 있는 잠재적 변수, 즉 경쟁 상품의 등장, 대체 서비스의 등장, 인구 구조학적 변화, 사회적 분위기의 변화 등에 대해서도 생각해봐야 한다.

지식정보화 시대에는 1등의 위치가 순간순간 바뀌곤 한다. 스마트폰이

적을 알고 나를 알아야 이긴다

세계적인 게임업체인 닌텐도를 한 순간에 위기에 빠트릴 것이라고 대중들은 예측하지 못했다. 그 이전에는 닌텐도 게임기가 나이키 신발을 팔리지 않게 할 줄은 더더욱 생각하기 힘들었다. 하지만 이런 예상치 못한 상황이 현실에서 얼마든지 일어날 수 있다는 사실을 알게 된 기업들은 경쟁구도의 변화에 촉각을 세울 수밖에 없게 되었다. 취준생들도 이런 흐름에 맞추어 경쟁 방식이 어떻게 변화하고 있는지 그리고 잠재적인 경쟁자가 과연 누구일 수 있는지 등에 대한 관점이 있어야 인사담당자들의 눈에 띌 수 있을 것이다.

나만의 콘텐츠로 원하는 회사 바로 간다

시장은
먹거리의 보고다

리더 기업에 대한 이해

　시장 분석의 첫걸음은 시장 지배자가 누구인지를 파악하는 일이다. 리더 기업은 기존 시장에서 자신들의 일을 제일 잘해내고 있는 만큼 참고할 부분이 많다. 해당 기업을 성공으로 이끈 요인들과 그들이 실천하고 있는 전략은 많은 시사점을 가지고 있기 때문에 꼭 생각해볼 필요가 있다.

　우선, 리더 기업의 성공 과정에서 얻을 수 있는 교훈을 찾아볼 수 있다. 경영학이 과학이 아닌 이유는 똑같이 반복되지 않는다는 데 있다. 세계적인 기업들의 성공패턴을 다른 기업이 답습한다고 성공이 보장되지는 못한다. 따라서 성공한 기업의 스토리에서 찾아야 할 것은 패턴이 아니라 참고하여 적용해볼 만한 교훈적 요소들이다.

적을 알고 나를 알아야 이긴다

예컨대, 구글의 성공 과정을 보자. 그들은 처음에는 인터넷 검색엔진 제공자였다가 이후 모바일, 무인자동차 등의 지식정보 플랫폼 영역으로 사업을 확대해오고 있다. 성공의 패턴을 봐서는 이를 현실적으로 따라할 기업은 없을 것이다. 하지만 구글의 성공에서 교훈을 찾는다고 하면 수많은 기업이 각자 나름대로 챙겨볼 대목이 많다.

구글의 힘은 분권화된 팀조직, 높은 성과를 올리는 직원들, 일에 대한 몰입을 높이기 위한 인본중시 문화 등 여러 요소들에서 나온다고 볼 수 있다. 입사하려는 기업이 업계 1위인지 여부에 관계없이 그 기업의 성공 과정에서 어떤 교훈들이 자신에게 의미 있게 다가왔는지를 생각해둘 필요가 있다. 이는 인사담당자가 "우리 회사에 하고 싶은 말은 있는가", "우리 회사가 앞으로 나아가야 할 방향은 무엇이라고 생각하는가"와 같은 질문을 한다면 큰 도움이 된다.

다음은 1등 기업의 몰락과 2등 기업의 역전에서 시사점을 뽑아보는 것이다. 시장은 1등 기업을 존중하지만 그 자리는 늘 누군가에 의해 대체되고는 한다. 1등을 따라잡기 위해 뒤에서 계속 질주하고 있는 2등이야말로 1등이 가장 부담스러워 하는 존재다. 1등 기업의 성공 스토리도 중요하지만 2등 기업의 역전 스토리도 얻을 수 있는 교훈이 많다. 또 1등의 성공보다는 몰락 과정에서 더 흥미로운 사실들을 뽑아낼 수도 있다.

한 예로 몰락까지는 아니지만 인터넷 웹 브라우저 시장에서 절대 강자였던 마이크로소프트의 '익스플로러'가 2012년 구글의 '크롬'에 왕좌의 자

나만의 콘텐츠로 원하는 회사 바로 간다

리를 내주었던 내용을 살펴보자(순방문자 수 혹은 페이지뷰 기준에 따라 1위에 대한 논란이 있기는 하다). 2008년까지만 해도 사용자가 거의 없었던 크롬의 역전 계기는 렌더링엔진(Layout Engine이라고도 하며 웹 콘텐츠와 포맷 정보를 가져와서 화면에 해당 콘텐츠를 정리하여 보여주는 소프트웨어)에 있었다. 이 프로그램은 공개 소스로 수많은 개발자가 참여하여 탐색기의 속도와 안정성을 높여 나갔다. 반면, 폐쇄적 소프트웨어인 익스플로러는 윈도우 OS에 끼워판다는 전략에서 더 나아가지 못하고 비교우위를 점차 잃어버리게 되었다. MS의 액티브X 컨트롤 역시 자사의 익스플로러에서만 쓸 수 있게 하여 어떠한 플랫폼에서도 실행할 수 있는 자바 애플릿과 대조적이다. 아무리 훌륭한 인재를 많이 보유하고 있는 마이크로소프트도 전 세계적인 집단지성 앞에서는 그들의 폐쇄성이 독이 되었다는 시사점을 주고 있다.

다른 영역에서 엿본 교훈이지만 지식정보 사회에서 폐쇄성이 지닌 위험성이라는 논리는 화장품, 샴푸, 세제, 핸드폰, 자동차, 유통, 운송 등 거의 모든 산업에 적용시킬 수 있다. 여기서 하나 더 나아가 생각해보면 경영학자들은 이런 1등 기업의 딜레마에 빠지지 않기 위해 시장의 흐름을 제대로 읽고 맥을 잡는 '센싱Sensing'이 중요하다고 지적한다. 자소서에 '센싱 능력'이라는 단어 하나만 넣어도 인사담당자는 지원자의 글을 훨씬 맛깔나게 읽어볼 수 있을 것이다.

적을 알고 나를 알아야 이긴다

시장의 현재와 미래 규모

시장 분석을 위해서는 시장의 현재 규모와 미래 규모도 생각해봐야 한다. 인터넷을 찾아보면 산업이나 시장 규모에 대한 정보를 쉽게 찾을 수 있다. 현재 기준으로 몇 조 원의 시장인지, 매년 몇 퍼센트씩 성장하고 있는지, 앞으로 성장세는 어떻게 예상되는지 등은 기본적인 체크 항목이다. 다만 성장세든 사양세든 그 요인을 잘 파악해두면 좋다. 면접 질문에 가끔씩 등장하기도 하는데, 인사담당자는 해당 기업에 입사하기 위해 지원했으므로 지원자가 이 정도는 알고 있겠지 하는 마음으로 질문할 수 있기 때문이다.

먼저 해당 기업의 제품이 팔리고 있는 시장과 수요자 특성을 파악해봐야 한다. 사용자가 누구인지에 따라 제품의 디자인이나 특성도 판이해질 수밖에 없기 때문이다. 예를 들어 같은 PC를 만들어도 IBM은 컴퓨터를 생산재로 인식하고 기업용에 초점을 맞췄다. 밋밋한 디자인에 간단한 기능만 제공했지만 저렴한 가격과 강력한 호환성을 지니도록 했다. 이에 반해 애플은 컴퓨터를 소비재로 인식하고 개개인을 겨냥했다. 화려한 디자인에 유저 친화적인 기능과 직관을 담고자 했다.

PC산업 초기에는 기업용 시장의 규모가 개인용보다 훨씬 컸다. 마이크로소프트의 MS-DOS도 그렇게 해서 IBM과 손을 잡았다. 개인의 취향에 호소하는 애플의 미래는 그때만 해도 터무니없어 보였을 것이다. 하지만

나만의 콘텐츠로 원하는 회사 바로 간다

정보화 사회는 기업이 아닌 개인들 손안에 모바일 PC(스마트폰)를 쥐도록 했고 충성도 높은 개인고객에 집중한 애플은 시장의 전세를 완전히 뒤집었다.

이처럼 자신이 지원하려는 산업 분야도 시장과 수요자의 특성을 어떻게 규정할 수 있는지 가볍게라도 살펴보고 지금 해야 할 일과 미래를 위해 준비해야 할 일은 무엇인지 예측해보자. 급변하는 지식정보 사회는 불확실성으로 가득한 곳이다. 고정관념으로 시장과 고객을 바라보는 것이야말로 가장 위험한 일임을 다시 한 번 명심해야 한다.

한편, 과도기적 상태에 있는 시장에서 아이디어를 찾아볼 수도 있다. 직접적인 관련성은 없다 하더라도 기업은 새롭게 태어나고 있는 산업이나 시장에 주목한다. 새로운 사업 기회는 미지의 영역에서 얼마든지 나올 수 있기 때문이다.

예컨대 사물인터넷[IoT] 시대가 열리고 있다고 하는데 IT 분야 지원자가 아니라면 별 관심이 없겠지만 사실 과도기적 상태에 있는 이런 분야를 관심 있게 살펴보면 유용한 콘텐츠를 얻을 수 있다.

사물인터넷은 주변의 평범한 사물들에 센서를 심어 얻어진 방대한 정보를 DB화하고 솔루션을 개발하는 것이다. 이렇게 함으로써 일상의 사물들이 IT 제품화되는 것이다. 베개, 시계, 볼펜, 지갑 등 지금까지 전자제품과 무관했던 사물들에 컴퓨팅 기능이 삽입되고 인터넷과도 연결된다는 프레임이다. 개인들에게 이런 것들이 반드시 필요한지에 대한 의견

적을 알고 나를 알아야 이긴다

은 아직 분분한 상황인 것 같다. 그렇지만 트렌드로 볼 때 시간의 문제일 뿐 일반화될 것이 분명해보인다. 그렇다면 상당 기간 사물인터넷 산업은 과도기를 거치게 될 가능성이 크다. 그런 과도기가 과연 전자, 통신, 시스템통합[SI], 인터넷 관련 업체들에만 해당하는 일인지 생각해봐야 한다.

한 예로서 화장품업계에 지원하더라도 사물인터넷 시장의 면면을 살피다가 해당 업계에 줄 수 있는 아이디어를 발견할 수 있다. 사물인터넷 산업을 분석한 한 민간연구소의 자료를 보면, 과도기에는 기존 제품을 대체하는 올인원보다는 새로운 기능을 더하는 액세서리 형태가 주류를 이룰 것으로 분석하고 있다. 지원자는 이런 시각을 자기 것으로 흡수해서 정답은 아니더라도 화장품시장의 새로운 성장 가능성을 그려볼 수 있다. 사물인터넷 시대를 대비해서 화장품의 어떤 영역을 개선할 수 있는지를 고민해보는 것이야말로 기업 분석을 통한 취업 준비의 본질이다.

기업의 주가 추이와 시가총액

지원자는 지원한 회사는 물론 경쟁회사의 주가와 시가총액도 살펴봐야 한다. 면접에서 회사 주가를 묻는 경우가 많다. 지원자의 능력보다는 회사에 대한 관심도를 확인하려는 것이다.

의외로 주가에 대해 아무런 감이 없이 면접장에 앉아 있는 지원자들이 많다. 입사 희망자라면 전공과 관련 없이 어제 주가가 얼마로 끝났는지 정도는 반드시 확인해야 한다. 그리고 주가도 중요하지만 그 회사의 주식총가치가 얼마인지, 즉 시가총액도 함께 확인해둬야 한다. 시가총액은 주가에다 주식발행총수를 곱한 값인데, 경영자들은 주가보다도 시가총액을 더 중요하게 생각한다. 주가는 발행주식 수에 따라 그리고 액면가격이 500원이냐 5,000원이냐에 따라 절대치가 다양하게 분포할 수 있기 때문에 주가만으로는 회사의 가치를 평가할 수 없다. 즉 A기업의 주가가 5만 원이고 B사가 3만 원이라 하더라도 어느 회사가 더 큰 회사인지는 알 수 없다는 것이다. 그래서 경영자들은 시가총액 기준으로 자사의 시장 위치를 이해하고 경쟁회사와의 격차도 파악한다.

주가나 시가총액은 국내 포털 사이트만 들어가봐도 쉽게 확인할 수 있으며, 해외는 야후파이낸스나 MSN머니와 같은 금융에 특화된 사이트를 활용하면 된다.

이왕이면 글로벌 주요 기업의 시가총액도 함께 챙겨보면 더 좋다. 업종에 관계없이 애플, 구글, 마이크로소프트, 삼성전자, 아마존 등 세계시장을 선도하는 글로벌 기업들의 시가총액 정도는 상식 차원에서 알아둘 필요가 있다.

전 세계 모든 기업을 통틀어 시가총액 1위 기업은 애플이다. (2015년 5월 기준) 시가총액이 약 800조 원이다. 삼성전자는 200조 원 수준으로 전 세계 28위권에 포진하고 있다. 구글은 주가가 지속적으로 상승, 약 400조

적을 알고 나를 알아야 이긴다

원으로 엑슨모빌을 3위로 밀어내고 2위를 기록하고 있다.

이런 수치들을 보고 생각해볼 것은 세계 최대 기업들이 대체적으로 직접 제품을 만들어 파는 곳들이 아니라는 점이다. 애플이나 구글 모두 제조업체가 아니다. 어떻게 보면 디자인 회사다. 잠재된 부가가치를 발견하는 눈을 갖고 있고 그것을 수익모델로 연결시키는 디자인 능력이 탁월한 것이다. 요즘 우리나라 기업들에게 요구되는 것도 바로 이런 점이다.

한편, 해외 동종업계 기업의 주가 추이와 시가총액도 살펴봐야 한다. 과거 10년 정도의 주가 추이를 살펴보면 어떤 기업이 급성장하고 있고, 어떤 기업이 정체 내지는 쇠락의 길을 걷고 있는지 한눈에 알 수 있다. 물론 주가 추이만으로 그런 흥망의 역사를 모두 보는 것은 아니지만, 주가 흐름에 뚜렷한 변화가 있다면 거기에는 분명한 이유가 있고 그것이 무엇인지를 알아봄으로써 기업을 분석하는 힘도 강해진다.

예를 들어 10년 전만 해도 부동의 IT 1위 기업은 마이크로소프트사였다. 당시 시가총액이 약 350조 원(환율 1,050원으로 환산) 수준으로 2~3조 원 수준의 애플과 비교 대상이 아니었다. 하지만 10년 후 마이크로소프트는 여전히 당시 수준에 머물고 있지만 애플은 400배나 시가총액이 커졌다. 왜 이런 일이 벌어졌을까를 화두로 삼고 여러 자료를 찾아 시각을 정리해보면 시장을 보는 눈을 얻을 수 있다.

IT업계뿐만 아니라 여타 업종에서도 기업들의 흥망성쇠가 주가 흐름으로 나타날 것이다. 그런 오르내림을 보면서 거기에서 어떤 교훈과 메

나만의 콘텐츠로 원하는 회사 바로 간다

시지가 숨어있는지를 분석해보자.

유통채널의 진화

기업의 유통채널은 보통 자사는 물론 타사의 것까지 골고루 활용한다. 비중으로 보면 타사의 유통채널이 훨씬 크다.

백색가전의 경우, 삼성은 자사 유통망인 삼성디지털프라자 LG는 LG하이프라자를 가지고 있다. 하지만 자체 유통망으로는 매출이 제한적이므로 하이마트 같은 전문유통망이나 백화점, 그리고 G마켓 같은 오픈마켓의 외부 유통망도 병행해 쓴다.

게임산업에는 수많은 개발업체가 있다. 그런데 이들은 자금력이 부족한 소규모 업체가 다수이다. 때문에 게임의 완성도를 높여주거나 널리 유통할 수 있는 플랫폼을 제공하는 업체가 존재한다. 퍼블리셔라 불리는 회사들인데 엔씨소프트, 넥슨, NHN 같은 회사가 그런 역할을 겸하고 있다.

이처럼 실제 비즈니스 세계는 유통채널의 지형도와 변화에 매우 민감하게 반응한다. 따라서 기업을 이해하려면 유통채널을 잘 살펴봐야 한다.

우선, 유통채널의 중요성을 이해할 필요가 있다. 유통은 마케팅에서 말하는 소위 '4P전략'의 한 축이다. 상품Product, 가격Price, 판촉Promotion에 유통Place을 더한 것이다. 아무리 상품과 가격이 좋아도, 광고가 잘 이루어졌어

적을 알고 나를 알아야 이긴다

도 소비자의 손에 쉽게 닿지 않는다면 소용이 없다. 그만큼 유통채널은 매출의 마지막 단계에서 가장 중요하게 다뤄지는 부분이다.

이런 유통채널이 최근 온라인과 모바일 환경의 등장으로 변모하고 있다. 대표적인 예로 오프라인 매장에서는 구경만 하고 결제는 그보다 저렴한 모바일을 이용하는 '모루밍족(Morooming族, Mobile+Grooming)' 같은 개념을 들 수 있다. 이에 기업들은 온라인, 오프라인, 모바일 구분 없이 소비자가 다양한 채널로 상품을 검색하고 구매할 수 있도록 하는 옴니채널의 개념으로 소비자에게 접근하고 있다. 각 유통채널의 특성은 다소 상이하지만 소비자가 어떤 채널을 이용하더라도 한 매장을 이용하는 것과 같은 느낌이 들도록 쇼핑환경을 구축하는 전략이다.

예를 들어 롯데닷컴은 구매는 온라인으로 한 후, 매장에 가서 직접 입어보고 제품을 찾아가는 '스마트픽Smart pick' 서비스를 시작했다. 교보문고는 책을 주문한 뒤 가까운 매장에서 일정시간이 지나면 바로 찾아갈 수 있도록 하는 '바로드림' 서비스를 도입했다.

지금은 몇몇 영역에서만 보이는 변화 같지만 오프라인과 모바일의 결합 방식은 곧 산업 곳곳에서 나타날 것이 분명해보인다. 자신이 지원한 산업 분야에서 유통채널의 변화가 아직은 급격하지 않다고 하더라도 이같은 흐름을 해당 산업의 유통채널에 적용시켜보거나 관련 아이디어를 얻어보려는 노력이 필요하다.

시장을 변화시키는 요인

시장의 변화를 초래하는 요인들을 탐색해보는 것도 중요하다. 시대의 특징에 맞게 디지털과 온라인의 연계 부분을 먼저 파악해본다. 시장의 판도가 바뀐다는 표현이 있다. 이전에는 비용을 지불해야 하던 것이 무료화되거나 기존에 없었던 서비스가 새로 생겨나면 시장이 변한다. 이런 변화는 주로 디지털화와 온라인과의 연계에서 비롯되고 있다.

시장을 분석할 때 먼저 할 일도 이런 잣대로 보는 것이다. 스트리밍 음악 시장이 좋은 사례이다. 디지털 음원 시장이 2000년대 급성장하면서 기존 오프라인 중심의 음반유통사들이 고사하였다. 이 자리를 멜론, 엠넷, 지니, 밀크뮤직 같은 디지털 음원 사업자들이 채웠고 시장도 급성장세다.

만일 디지털과 온라인화가 상당히 진행된 산업에 지원하는 경우라면 누가 이 시장에 뛰어들고 있는지 그리고 향후 잠재적 참여자는 누구인지 생각해봐야 한다. 스트리밍 음악 시장의 경우 음악과 전혀 관련이 없어 보이는 트위터나 드롭박스 같은 회사들이 왜 진출하려는지, 그들은 어떤 차별화를 추구하는지 등 이슈를 분석하는 것이다. 트위터와 드롭박스의 차별화 포인트는 추천 서비스 구조에 있다. 맞춤형 음악을 제공하는 것인데, 개념을 확장하면 팔로워에 대한 큐레이션 기능이 가능한 형태이다. 소비자가 몰리게 되면 궁극적으로는 소셜 커머스 방식의 음악 비즈니스 모델이 탄생하는 것이다.

취준생들은 이와 같이 시장을 변화시키는 온라인과 디지털적인 요소를 잘 염두에 두고, 주변 업계와의 전략적 제휴, 품질 향상 문제, 소비자 취향 파악, 상품 제공 방식, 채널 등을 탐색해봐야 한다. 그렇게 해서 경쟁사와 차별화할 수 있는 아이디어를 담으면 자신만의 콘텐츠를 구축할 수 있다.

다음은 시장에 영향을 주는 사회경제적 요인을 찾아보는 것이다. 시장이라는 것은 어디까지나 사회경제적 틀 속에서 존재한다. 사회적으로 혹은 경제적으로 큰 이슈가 되어 정부의 규제가 예고된다거나 소비자들의 집단 심리로 자금이 한쪽으로 쏠리거나 할 때도 관련 시장은 직접적인 영향을 받는다.

예를 들면 독신가구 증가, 은퇴자들의 월세 부동산 수요 증가, 삼포세대의 등장, SNS으로 인한 소문이나 괴담의 급속한 확산 등 다양한 소재들이 존재한다. 면접에서 간혹 "당신이 만일 우리 회사의 CEO라면 현재 경영 전략에서 중요하게 봐야 할 변수는 무엇이라고 생각합니까" 하는 질문이 나온다. 이럴 때는 시장에 큰 영향을 줄 수 있는 사회경제적 요인들을 소재로 삼되, 되도록 최근의 온라인과 모바일 환경으로 인한 시장의 변화에 초점을 두어 답변하는 것이 좋다.

고객의 마음이
회사의 마음이다

고객의 불만족 포인트 찾기

경영자는 기획에서 생산에 이르는 모든 조직원들에게 고객에 대한 높은 이해를 요구한다. 깐깐한 CEO라면 경영회의 때 회의 참석자 중 몇 명을 무작위로 호명해서 고객 동향을 묻는다. 이번 달 고객은 얼마나 증가했는지, 특별한 고객 불만사항은 없었는지, 경쟁사로의 고객 이탈은 어느 정도 있었는지 등등 말이다.

대답을 한마디만 들어봐도 해당 직원이 제대로 일하고 있는지 금세 알 수 있다. 실제로 국내 대기업 임원 정도면 경영회의가 있기 전날은 밤을 새워가며 CEO의 예상 질문에 대비한 공부를 한다고 봐도 틀리지 않다. 그러므로 취준생들은 고객을 이해하는 시각을 길러두면 경영자의 마음

적을 알고 나를 알아야 이긴다

에 쉽게 들 수 있다.

먼저 소비자는 최종 사용자를, 고객은 구매자를 각각 의미한다. 예를 들면, 기저귀의 소비자는 아기이며 고객은 주부이므로 고객과 소비자가 서로 일치하지 않을 수 있다. 일단 고객의 소리가 왜 중요한지부터 이해해봐야 한다. 아직도 많은 기업들은 고객의 소리를 외면하고 있다. 경영학에서도 VOC^{Voice of Customer}가 매우 중요한 요소라고 강조하고 있지만 막상 고객의 소리를 체계적으로 듣고 이를 제품이나 서비스에 반영하는 기업은 많지 않다. 하지만 이런 관점도 점점 변하고 있다. 소셜 미디어의 등장으로 기업과 고객과의 관계가 180도 바뀌고 있기 때문이다.

세계적인 IT 블로거이자 뉴욕대 교수인 제프 자비스^{Jeff Jarvis}는 자신의 저서 『공개하고 공유하라』에서 특정 기업의 제품에 불만을 가진 소비자는 언론사나 해당 회사의 콜센터로 가지 말고 본인의 트위터에 불만을 표시하는 글을 한 줄만 남겨보라고 주문한다. 그렇게 하는 것이 해당 기업에 항의하는 것보다 훨씬 강력한 효과를 낸다는 것이다. 실제로 자비스는 델^{Dell}의 노트북에 불만이 생기자 자신의 블로그에 "델 정말 짜증나^{Dell Lies, Dell Sucks}"라고 남겼는데, 이 내용이 구글 검색에 나타나고 네티즌들이 이에 동조하면서 델이 사면초가의 위기에까지 몰리게 되었다는 일화가 있다. 기업을 분석할 때 소비자의 마음을 이해하고 그 목소리를 듣는 자기만의 노하우가 있는지 한 번 생각해보자.

고객의 불만은 기회가 되기도 한다. 현실적인 방법이 있다면 회사의 소비자 게시판 같은 곳을 직접 방문하여 대응방법을 모색해보는 것이다. 실제 면접장에서 경영자는 고객의 불만에 대해 어떻게 대처할지를 종종 물어본다. 막상 아르바이트 등을 하면서는 고객 불만에 적절한 대응방법을 찾기가 쉽지 않았을 것이다. 그렇다고 면접장에서 주어진 질문에 대해 단순히 '죄송하다고 하겠다'는 식의 대답을 한다면 틀리지는 않지만 별다른 감흥을 주기는 어렵다.

고객의 불만에 대응할 때의 핵심은 고객이 불만을 제기하는 그 순간을 오히려 감동을 주는 기회로 만들 수 있느냐의 여부다. 아무 불만이 없는 고객에게는 별별 마케팅 수단을 동원해도 특별한 감동을 전달하기가 어렵다. 반면 고객이 불만을 표현해 올 때만큼 고객 감동을 실현하기 좋은 기회는 없다. 따라서 해당 회사의 사례 같은 것을 샘플로 삼아 미리 생각해두는 것이 바람직하다.

내가 고객이 되어 평가해보기

자사의 상품 사용 경험 질문은 면접에 자주 나온다. 인사담당자는 지원자가 자사에 지원하기 위해 준비해왔다면 당연히 고객의 입장에서 직간접 경험을 해봤을 것이라고 생각한다. 만약 경험한 바가 없다면 자칫 위험할 수 있으므로 사전에 자신의 의견을 정리할 필요가 있다.

적을 알고 나를 알아야 이긴다

우선, 나름의 기준을 갖고 상품 경쟁력을 분석해본다. 사용 경험을 단순히 '좋았다' 하는 정도로는 별 의미가 없다. 따라서 어떤 기준을 갖고 설명해야 인사담당자의 공감력을 높일 수 있는지 고민이 필요하다. 기준은 특별한 것이 아니더라도 자기 나름의 것으로 정하면 된다.

세계적인 석학인 마이클 포터 Michael Porter 는 기업의 운명을 설명하기 위해 자기만의 5가지 기준을 정의한다. 즉 ● 전통적인 경쟁자 ● 새로운 시장 진입자 ● 대체 제품과 서비스 ● 고객 ● 공급자 등이다. 전문가들은 항상 자신의 시각을 체계적으로 전달하기 위해 나름의 기준을 설정한다. 자신의 전공과 직접적인 연결고리가 없는 업종에 지원하더라도 해당 분야 전문가들이 정의하고 있는 기준이나 관점을 잘 살펴서 이를 활용하면 된다.

다음은 경쟁사 상품과 비교해서 분석해보는 방법이다. 경영자는 경쟁사 상품 동향에 항상 촉각을 세운다. 마이클 포터의 5가지 동인 중 첫 번째 요인이 경쟁자의 위협이듯이 영업 성과에 가장 큰 영향을 미치기 때문이다. 그래서 면접에서도 경쟁사 제품이나 서비스를 이용해 본 경험을 종종 물어본다. 어떤 경우에는 지원자의 날카로운 답변을 경영에 참고할 때도 있다. 경쟁사의 상품을 비교하는 포인트는 경쟁 상품의 가격, 판매 옵션, 광고 유형, 소비자들의 경쟁 상품 평가, 신규 및 판매 중단 상품 등이 있다. 먼저 중심이 되는 정보를 먼저 파악해보고 그 내용들에서 어떤 시사점을 얻을 수 있는지 살펴본다.

나만의 콘텐츠로 원하는 회사 바로 간다

한편, 칭찬보다는 보완하거나 개선할 부분은 무엇이 있는지 생각해본다. 상품 경험에 대해 지원자는 대체로 긍정적인 방향으로 대답하기 마련이다. 솔직하게 말한다고 하더라도 부정적인 의견을 말하는 것은 위험하다고 생각하기 때문이다.

하지만 면접장에서는 옳고 그름의 판단보다는 사물을 바라보는 문제의식과 대안을 제시하는 것이 중요하다. 무엇이 옳은 방향인지 말하는 것은 전문가의 영역이기 때문에 웬만하면 이런 포인트는 질문하지 않는다. 대신 이슈가 있다면 지원자가 어떤 관점에서 바라보는지를 파악하려 한다. 면접에서의 질문은 그다지 디테일한 구조가 아니다. 누구나 알 만한 내용에 대해 큰 개념으로 질문한다. 다만 지원자는 여기에 함정에 있다는 점을 인식해야 한다. 디테일한 질문은 원하는 대답이 따로 있을 가능성이 높지만 거시적인 질문은 각자 나름의 대답이 다양하게 존재할 수 있다. 지원자의 의견을 알고 싶으니까 면접에서의 질문은 당연히 거시적인 것이 되고 상세한 질문은 하지 않게 된다.

사용 경험도 마찬가지다. 평범할 수 있는 질문이지만 대답은 문제의식과 대안을 담고 있어야 한다. '그 제품을 사용해보니까 어떻다'라는 식이 아니라 그 제품의 확장성과 편리성 측면에서 '보완의 여지가 있는 것 같더라'와 같은 방향으로 가야 한다. 그리고 자기 생각을 명확히 어필할 수 있도록 '이런 부분을 이렇게 개선하면 좋을 것 같다'는 식으로 마무리하면 충분히 높은 평가를 받을 수 있다.

적을 알고 나를 알아야 이긴다

고객 만족

고객 만족^{Customer Satisfaction}을 통해 경영성과를 제고시키려는 노력은 1980년대 미국과 유럽을 중심으로 본격화되었다. 고객 기대를 충족시킬 수 있는 제품을 제공하고, 고객 불만을 신속하게 처리하고, 사원들의 만족도를 높여 대고객 서비스의 질을 높이자는 것이다. 일반적으로 기업의 CS는 하드웨어적, 소프트웨어적, 휴먼웨어적 특성을 지니고 있다. 그런데 이 세 가지 중 하나라도 0점을 받는 요소가 있다면 나머지 모두가 100점이더라도 CS 점수는 0점으로 나온다고 한다. 이 세 요소는 곱하기 개념으로 연결되어 있기 때문이다. 그만큼 고객을 만족시키는 일을 실천하기가 어렵다는 의미이다.

경영자가 실제 가장 힘들어하는 부분도 CS 부분이다. 면접에서도 고객을 만족시킬 수 있는 아이디어나 전략을 자주 물어본다. 만일 영업점에 배치되면 고객 만족 경영을 실천할 수 있는 방법 같은 것들을 말이다. 이 영역이 얼마나 중요한지 중국 알리바바^{Alibaba}의 마윈^{Ma Yun} 회장이 한 말을 보면 알 수 있다. 2015년 5월 국내에서 개최된 아시안리더십콘퍼런스 기조연설에서 그는 앞으로 30년간 디지털 시장의 미래를 내다보면서 "나는 기술이 뛰어난 경쟁자는 두렵지 않다. 하지만 고객의 요구를 더 많이 경청하는 기업은 정말로 두렵다"라고 했다. 그러면서 미래에는 경청능력 면에서 남성보다 여성이 뛰어나므로 점점 여성이 미래를 이끌어갈 것이라고 진단했다.

먼저, 입사 희망 기업이 하드웨어적 요소와 연관성이 강한 기업인지 확인해보자. 하드웨어 요소는 고객과 만나면서 노출되는 유무형의 환경적 부분을 의미한다. 브랜드 파워, 매장 시설, 고객센터 운영, 매장 인테리어 같은 요소들이다.

이런 요소에 신경을 많이 써야 하는 기업은 현장을 매우 중시한다. 따라서 휴먼웨어 요소도 함께 강조될 수밖에 없다. 주로 소비재 생산 및 판매와 유통에 관련된 기업들이 해당한다. 이런 기업은 직원을 선발할 때 지원자의 태도나 이미지를 중시할 가능성이 높다. 고객에게 전달되는 직원의 말투나 느낌이 무엇보다 중요하기 때문이다.

사실 불만을 가진 고객 중 그것을 표현하는 경우는 10퍼센트도 안된다고 한다. 문제는 불만을 표현하지 않는 고객이다. 그들은 불만을 표현하지는 않지만 어떠한 상황과 조건만 충족되면 경쟁회사로 바로 떠나버린다. 지원자는 이런 유형의 기업을 준비하려면 고객이 기본적으로 무엇을 기대하고 있는지 그리고 그들의 욕구는 무엇인지에 대해 명확한 시각을 가지는 노력이 필요하다.

고객의 심리를 이해하는 키워드들은 다음과 같은 것들이다. 예컨대 고객은 직원들이 전문성이 있으리라 기대한다, 직원들의 친절을 기대한다, 환영받고 싶어한다, 은근히 자신에 대한 관심을 기대한다, 칭찬받고 싶어한다, 공정하게 대우받기를 기대한다 등이다. 간혹 식당 벽에 "고객은

적을 알고 나를 알아야 이긴다

항상 옳습니다”라는 문구를 발견할 수 있다. 식당 직원들에게 어떤 마인드를 심어주려는지 알 수 있다.

다음으로 소프트웨어적 요소가 강한 기업인지 확인해본다. 소프트웨어는 고객을 향한 서비스 전략과 부가서비스 부분을 말한다. 상품 전략, A/S 시스템, 고객관리 프로그램, 부가서비스 체계 등의 요소가 해당된다.

최근 온라인 비즈니스의 비중이 큰 기업들이 여기에 해당한다. 이들 기업은 고객과 직접 대면하기보다는 고객과 온라인상에서 주로 대면하게 되므로 직원들의 시장 분석 능력과 기획력을 중요하게 생각한다. 시장 분석의 1차 과제는 경쟁사 동향을 체크하는 것이다. 기획서 쓰는 법도 이와 유사하다. 경쟁사나 시장동향을 파악함으로써 관련 환경을 분석하고, 그다음 전략적 변수를 가정해보고 이것을 활용하여 목표를 달성하기 위한 수단과 실행방법을 모색해보는 식으로 자기만의 전략 아이디어를 끌어낼 수 있다면 국내 어느 기업도 노크해볼 수 있다.

참고로 소프트웨어 요소가 강한 기업에 지원하는 경우라면 간단한 통계 프로그램이나 엑셀 툴을 활용하여 경쟁기업 간의 상품과 서비스를 정량적으로 비교해보고 고객만족도를 높이는 방법도 고민해볼 만하다.

마지막으로 휴먼웨어적 요소가 강한 기업인지 확인해본다. 유난히 직원들의 만족감과 행복을 중요하게 생각하는 기업이 있다. 직원의 만족도가 고객만족도로 직결된다는 경영자의 철학이 반영되었을 가능성이 높다. 사실 직원들의 복지 향상은 당장 기업 수익의 저하로 직결되기 때문에 경영자가 단기의 성과를 버리고 미래의 발전 가능성에 투자하기는 말처럼 쉽지 않다. 그만큼 고객만족을 위해 휴먼웨어 측면을 일관되게 유지하는 경영은 어려운 것이다.

그러나 규모는 작지만 한 분야에서 최고의 위치를 점하고 있는 강소형 기업의 특징을 살펴보면 공통점을 발견할 수 있다. 이들 기업은 직원들이 대부분 창업 초기부터 사장과 한솥밥을 먹으면서 동고동락한 경험을 공유하고 있다. 시장을 리드하는 위치의 기업이 아니라면 매출의 힘이 경영 전략보다는 직원의 로열티와 고객만족(B2B 또는 B2C 여부에 관계없이)에서 나온다고 생각하기 때문에 직원들의 휴먼터치 능력이나 열정 측면을 유달리 강조하게 된다. 이런 기업이라면 자소서나 면접에서도 한번 입사하면 뼈를 묻겠다는 강한 의지와 마인드를 전략적으로 보여줄 필요가 있다.

적을 알고 나를 알아야 이긴다

컨템포러리에 승부수가 있다

컨템포러리Contemporary는 '동시대의' 혹은 '최신의'라는 뜻을 갖고 있는 단어다. 미술이나 음악 방면에 동시대성을 표방하는 컨템포러리 아트 장르가 있다면, 경영 분야도 기업을 둘러싸고 있는 현 산업과 시장에서의 주요 이슈 정도로 개념을 정의해볼 수 있다. 취준생들에게 컨템포러리라는 단어가 아직은 생경할 수도 있는데, 경영이슈를 달리 '컨템포러리 이슈'라고 불러도 괜찮은 만큼 앞으로는 일상에서도 자주 사용해서 친근한 표현으로 만들었으면 한다.

기업을 분석할 때 앞서 살펴본 산업, 시장, 소비자 측면은 경영이슈에 비하면 다소 딱딱하고 교과서적인 느낌이 들 수 있다. 이에 비해 경영이슈는 상대적으로 내용이 단편적이고 비체계적이므로 전공에 관계없이 누구나 쉽게 탐색해볼 수 있다. 따라서 자신의 전공이 지원회사의 직무와 정조준이 쉽지 않을 경우 본 이슈편과 그다음 기업의 핵심가치와 고유역량편이 도움이 될 것이다.

뉴노멀

'뉴노멀New Normal'은 2003년 미국의 벤처투자가 로저 맥나미Roger McNamee 가 그의 책 제목에 최초로 등장시킨 단어였다. 이후 2008년 금융위기 때 세계 최대 채권투자회사 핌코Pimco의 CEO인 엘 에리안El Erian이 다시 사용하면서 세계경제의 새로운 현실을 칭하는 표현으로 자리 잡았다. 세계경제가 고성장·고소득·고수익률의 시대에서 저성장·저소득·저수익률의 시대로 바뀌었고, 이제 '3저'의 경제 환경이 새로운 기준이라는 것이다. 대학 내에서는 이 말이 얼마나 일반적으로 사용되고 있는지는 잘 모르겠지만 기업 현장에서는 보통명사처럼 자주 언급된다.

뉴노멀과 관련해서 취준생이 챙길 부분은 이것이다. 즉, 거시경제 환경은 모두에게 동일하게 주어지지만 그것이 산업이나 기업별로는 긍정적 또는 부정적 결과로 다르게 나타나게 되므로 이에 대한 각자의 대응전략도 달라질 수밖에 없다는 점을 구체적으로 이해하는 것이다.

뉴노멀의 환경은 기업들에게는 큰 도전이자 실험이다. 회의 때마다 소비자들의 지갑이 얇아지고 있고, 뭘 해도 수익을 내기 어려워지고 있다

적을 알고 나를 알아야 이긴다

는 내부 직원들의 토로가 난무한다. 하지만 그런 뉴노멀의 시대이기 때문에 오히려 경영자는 할 일이 더 많다고 생각한다. 어려운 환경에 처한 만큼 시장 진단을 더 심층적으로 하고 영업도 더 전략적으로 해야 한다고 생각한다.

취준생들은 이런 경영자의 생각을 잘 활용해야 한다. 자소서나 면접에서 뉴노멀이라는 단어를 적당히 사용하거나 뉴노멀의 환경을 전제하면서 대응전략을 논리적으로 제시할 수 있다면 좋은 이미지를 줄 수 있다. 그래서 일단 할 일은 뉴노멀의 개념을 해당 산업에 응용하는 것이다. 즉, 지원 분야나 산업에서 과거와 많이 달라진 시장 환경이 있는지 살펴보고 나름대로 정리해둔다. 그런 내용은 해당 기업에도 중요한 이슈일 것이다. 그리고 그런 환경을 극복해나가는 데 자신의 장점이나 대내외 활동에서 얻어진 경험과 능력이 활용될 수 있다는 점을 논리적으로 구성해야 한다.

학창시절에 어떤 동아리 활동을 했다면 참여하게 된 동기에 대해 질문을 받을 수 있다. 이때 대부분의 지원자들은 '평소 좋아해서'라든지 '관심이 있어서'와 같은 대답을 한다. 하지만 기업을 미리 탐색한 지원자라면 평소 자신이 관심을 갖고 공부하던 부분이 이런 것이고, 마침 그런 호기심을 검증해볼 수 있는 기회인 것 같아서 동아리나 대내외 참여 활동을 하게 되었다는 식으로 갈 수 있다. 뼈대가 이렇게 잡혀야 스토리 라인이 만들어지고 차별화된 콘텐츠를 만들어낼 수 있다. 지원자는 소재만 다를 뿐 내용의 구조와 메시지는 경쟁자와 유사할 수 있다는 점을 항상 유의해야 한다.

산업별로 뉴노멀 환경이 구체적으로 어떤 영향을 미치고 있는지 온라인 검색만으로도 다양한 지식과 정보를 얻을 수 있다. 이런 내용의 기초 위에서 자신의 관심, 활동, 재능 등의 영역을 잘 결합시켜보기 바란다.

IT 발달에 따른 새로운 환경

IT 발달에 따른 새로운 경영환경을 정리해봐야 한다. IT 기술의 발달이 경영의 새로운 기준들, 즉 새로운 시장, 새로운 고객, 새로운 플랫폼, 새로운 경영방식 등을 쏟아내고 있다는 점은 자신만의 콘텐츠를 만들 때 매우 중요한 소재다. 일단 부가가치가 높은 것은 죄다 지식정보화 프레임 속에서 태동하고 있기 때문에 경영자들은 IT 기술의 진화 방향이나 영업 현장에의 적용 가능성 여부에 항상 촉각을 세운다. 하다못해 동네 커피숍조차도 온라인과 태블릿PC를 활용한 대금결제와 고객관리 시스템을 활용하고 있다. 어쩌면 대학 생활도 마찬가지일 수 있다.

세상은 급변하고 있는데 자신만 오래된 기준에 맞추어 학창생활을 하고 있지는 않은지 한번은 되돌아볼 필요가 있다. 스마트폰이나 크라우딩 개념을 활용하여 자신의 학습체계를 고도화시킨 경험이 있다면 그런 부분을 자신의 경쟁력으로 연결할 수 있다. 자소서에 이런 내용이 담긴 경우는 아직 보질 못했다.

일단 기업이 IT 영역을 중요시한다는 것은 자소서나 면접 과정에서 IT 발달과 비즈니스 지형 변화와 관련된 주제를 활용할 필요성이 있다는 점을 시사한다. 예를 들어 최근에 읽었던 책 중에서 기억에 남는 것을 말해보라는 질문이라면 책 내용을 정리하고 뻔한 교훈을 말해봐야 별 의미가 없다. 스토리라인을 이런 구조로 넣어보면 어떨까.

예컨대 지식정보화 플랫폼의 발달이 이런 영역에까지 영향을 미치고 있다는 사실에 놀라웠고, 자신의 미래 직업세계와도 연결될 수 있다는 생각을 갖게 되었다. 그래서 보다 깊이 있게 알아보기 위해 관련 서적과 연구 논문을 골고루 탐독하게 되었는데 그중 어떤 책 하나가 유난히 흥미로웠다. 그 책은 여타 유사한 서적과 비교해서 이러이러한 부분이 유용하였고 교과서에서는 얻을 수 없는 다양한 지식과 정보도 많아서 특히 기억에 남는다. 이런 식으로 전개되어야 지원자의 보이지 않는 소양까지도 드러낼 수 있다. 책을 읽는 경험을 말하고 있지만 책 그 자체보다는 지원자의 학습에 대한 마인드와 태도가 돋보이는 모습이다. 책의 종류는 다르더라도 되도록 IT 발달과 관련한 독서 경험을 구축해보라는 의미다.

국내외 분쟁 사례와 시사점

이슈가 되고 있는 분쟁 사례를 살펴보자. 1차적으로는 자신이 지원한 분야와 관련되는 것이겠지만, 여타 산업에서의 분쟁 사례에서도 활용 여지가 큰 교훈을 얻을 수 있다면 당연히 챙겨야 한다.

기업 간 분쟁 사례를 잘 살펴보면 많은 시사점들이 존재한다. 업계동향뿐만 아니라 매출이나 영업에 무엇이 중요한 요소인지를 파악하는 데도 유용하다. 당연히 취업 준비에 좋은 콘텐츠가 될 수 있다. 예컨대 삼성과 애플의 특허분쟁 사례를 살펴보자.

2013년 8월 오바마^{Barack Obama} 대통령은 애플이 삼성전자가 보유한 특허를 침해했다는 미 국제무역위원회^{ITC}의 판정에 거부권을 행사한다. 하지만 그 해 10월 애플의 특허를 삼성이 침해했다는 ITC의 판정에 대해서는 거부권을 행사하지 않았다. 국내에서는 삼성을 죽이기 위한 미국의 편파적인 조치라고 강하게 반발했다.

국제특허 문제를 다루는 국제변리사나 국내 정보통신 관련 연구단체의 분석을 살펴보면, 보다 객관적인 내용을 알 수 있다. 본질은 미국의 IT산업 정책방향과 밀접한 관련성이 있다. 삼성을 괴롭히기 위한 것인가 했지만, 실제로는 '표준특허'라는 잣대를 보지 못한 데서 비롯됐다는 것이다.

관련 전공이 아닌 취준생에게는 약간 어려운 내용일 수 있지만 상식 차원에서 알아두면 좋을 것이다. 미국은 1980년대부터 금융 중심의 경제정

적을 알고 나를 알아야 이긴다

책에 치중했다. 무역에서의 적자를 금융수익으로 상계시켜 국제수지를 맞추는 방식을 말한다. 그래서 금리를 계속해서 내리고 재정을 적극적으로 확대해서 전 세계적인 자산가격의 상승세를 유발하였다. 해외로 나간 미국의 자금은 이로 인해 큰 수익이 가능했고 이것으로 무역적자 부분을 메울 수 있었다.

하지만 글로벌 금융위기 이후 미국은 더 이상 금융 중심의 패러다임으로 경제성장을 견인할 수 없게 된다. 더 내릴 금리도 더 확대할 수 있는 재정도 없기 때문이다. 이에 오바마 정부의 성장전략은 당연히 금융에서 그들이 강점을 갖고 있는 지식정보 비즈니스로 옮겨간다. 그런데 지식정보산업, 즉 ICT산업이 융성하려면 페이스북, 트위터 같은 수많은 스타트업 기업들이 탄생하고 이들이 경제를 이끌어줘야 한다. 하지만 퀄컴^{Qualcomm}, 선마이크로^{Sun Micro}, 오라클^{Oracle}, IBM, MS 같은 기존 IT 강자들이 갖고 있는 특허가 신생업체의 성장을 가로막는 장애요인이 된다. 기존 강자들은 덩치가 크다 보니 혁신의 속도가 늦고, 이에 따라 애플이나 구글 같은 혁신 기업들에 뒤처지게 되면서 자신들의 특허를 무기로 삼으려 한다. 즉 선의의 경쟁을 위한 특허가 아니라 앉아서 비싼 특허 사용료를 받으려 한 것이다.

오바마는 이런 상황이 미국의 미래를 해친다고 보고 '표준특허'라는 개념을 도입한다. 즉 표준특허에 해당하는 것은 적당한 수수료만 받으라는 것이다. 만일 어떤 경쟁기업이 자신들의 특허를 필요로 할 때 터무니없이 높은 비용을 요구해서 사용을 원천봉쇄하는 것을 막기 위함이다. 소송으로 문제가 되었던 삼성의 특허는 표준특허였던 반면 애플의 특허는 상용특허였기 때문에 그 잣대로 오바마는 거부권을 행사한 것이다.

삼성과 애플의 소송전의 이면에는 이런 미국 정부의 표준특허 문제가 내재되어 있다. 이런 내용은 비단 법무영역에만 국한되는 것이 아니라 전략기획, 마케팅 분야에도 중요한 시사점을 준다. 자신의 생활신조가 만일 '나무가 아닌 숲을 보자'라면 거기에 필요한 문제의식이나 중요성에 대한 논리를 삼성과 애플의 특허분쟁 사례를 들어 가볍게 풀어내도 좋지 않을까 싶다. 지원한 직무와 연관성이 크지 않더라도 컨템포러리에 대한 관심이나 이해를 보여줄 수 있기 때문에 좋은 반응을 끌어낼 수 있다.

기업 간 가격경쟁과 새로운 기업의 등장

컨템포러리 이슈 중 가장 중대하게 다뤄지는 부분이 바로 경쟁사와의 가격경쟁 문제다. 기업 간 가격경쟁이 심화되면 결국에는 서로가 망해갈 수밖에 없다. 증권업계를 보면 쉽게 이해할 수 있다. 2000년 초반만 하더라도 주식을 한 번 거래하는 데 내는 수수료가 0.5퍼센트 내외였다. 아파트를 사고파는 부동산 중개수수료가 0.3~0.6퍼센트 수준임을 감안하면 상당히 높은 수준임을 짐작할 수 있다. 이후 온라인에 특화한 증권사가 탄생

적을 알고 나를 알아야 이긴다

하고, 기존 증권사가 합류한 수수료 경쟁이 벌어지면서 수수료는 이제 최저 0.01퍼센트 수준까지 내려와 있다. 이러한 가격경쟁으로 인해 증권업계는 어려움을 겪고 있으며 새로운 성장동력도 찾질 못하고 있다. 가격경쟁의 관점에서 경영의 어려움을 이해하고 기업이 그것을 극복하기 위해 어떤 성장전략을 강구하고 있는지 간단하게나마 정리해볼 필요가 있다.

한편, 가격경쟁과 함께 새로운 기업의 등장도 살펴봐야 한다. 패션, 외식, IT 서비스 등 트렌드 변화가 심한 산업일수록 새로운 기업의 진입과 퇴출이 빈번하고 컨템포러리 이슈도 많이 발생한다. 이런 분야의 기업에 지원한다면 유통과 소비 트렌드를 중심으로 이슈를 파악해보면 좋다.

패션산업의 경우를 보자. 백화점 패션 매장은 더 이상 기존의 유명 브랜드만 입점시키려 하지 않는다. 동대문 브랜드는 물론이고 온라인에서 인기 있는 브랜드를 발굴하고 적극 끌어오려고 한다. 롯데백화점이 대표적인 경우다. 삼성에버랜드나 LF(구 LG패션) 같은 의류제조 기업들도 유통채널 구축에 투자를 집중하고 있다. 리테일에 특화된 브랜드를 개발하고 주고객층을 겨냥한 특정 지역에 편집숍을 낸다. 이를 안테나숍(Antenna shop, 소비자 평가나 경쟁사 정보를 입수하기 위해 운영하는 유통망)으로 활용하는 것이다.

여타 기업들의 시장 참여로 인해 발생하는 이슈는 1차적으로 유통 지형도의 변화 및 소비자 트렌드의 진화와 관련성이 높다는 점에서 그 의미를 파악해보면 자소서나 면접에 활용할 수 있는 정보를 많이 얻을 수 있다.

기업의 힘,
그 원천을 찾아라

지금까지 기업분석을 위해 산업, 시장, 소비자, 이슈 등의 주제를 살펴보았다. 이제 마지막으로 입사 희망 기업에 대한 고유역량을 주제로 접근해보고자 한다. 기업분석의 마무리 작업이라고 할 수 있다. 지원자 각자 어떻게 활용하느냐에 따라 자소서나 면접에 쓸 수 있는 콘텐츠가 가장 많이 만들어질 수 있는 핵심이 된다.

기업의 플라이휠

지원동기를 쓰다 보면 딜레마에 빠지기 마련이다. 뭐라고 기술해야 인사담당자가 공감할 수 있을지 고민된다. 홈페이지에 나와 있는 기업의

적을 알고 나를 알아야 이긴다

소개를 그대로 나열하듯이 시장을 선도하는 기업이라는 이유를 대기에는 뻔하고, 그렇다고 새로운 무언가를 말하기에는 시각이 부족하다. 이런 어려움을 해결하기 위한 해법 중 하나는 기업의 경쟁력을 자신만의 잣대로 진단해보는 것이다.

먼저, 성공 과정이 있다면 촉매가 된 포인트를 찾아볼 필요가 있다. 하지만 기업 내부 관계자가 아니고서는 그것이 무엇인지 구체적으로 잡아내기가 쉽지 않다. 언론, 잡지 등 여러 매체를 통해 소개된 내용이 있더라도 그대로 활용하기에는 다소 피상적이다. 따라서 대안을 통해 접근할 필요가 있는데, 해당 기업의 현재를 있게 한 '플라이휠(Flywheel, 엔진의 회전 속도를 일정하게 유지시키는 관성 바퀴)'을 찾아보는 방법이 있다.

이 단어는 최고의 경영서로 인정받는 짐 콜린스^{Jim Collins}의 『위대한 기업은 다 어디로 갔을까』에서 가져온 것이다. 그는 위대한 기업으로 가기 위해서는 먼저 플라이휠을 돌려야 한다고 강조한다. 첫 번째 플라이휠을 돌린 그다음부터 매일, 매주, 매년 쉬지 않고 돌리다 보면 그 힘이 쌓여 한 바퀴가 되고 나중에는 백만 바퀴가 되면서 가속도가 생기는데, 이 단계가 되면 두 번째나 세 번째 플라이휠을 만들 수 있게 되고 기업은 위대해진다는 것이다. 첫 번째 플라이휠이 결국 혁신과 성공의 촉매를 의미하는 것인데, 기업의 어떤 부분이 이에 해당하는지 고민해봐야 한다.

요즘 면접에서는 지원자에게 참신한 생각이나 아이디어를 제안해보라고 한다. 완성도는 떨어지더라도 젊은이들의 참신한 생각을 듣고 싶은 것이다. 이때 플라이휠과 같은 단어도 써보고 자신이 생각해둔 아이디어를 덧붙인다면 얼마나 좋겠는가.

이를 위해서는 자신이 지원한 산업 안팎에서 일어나고 있는 혁신 사례들을 잘 살펴봐야 한다. 경영학자도 아닌데 자신이 책임질 수 없는 주장을 하는 것은 아닐까 하는 걱정을 할 수도 있다. 전공에 따라 특정 기업이나 산업에서 일어나는 사건이나 이슈를 다루는 데 어려움을 느낄 수는 있지만 그 내막까지 자세히 이해하려고 할 필요는 없다.

이마트에 지원하는 경우를 가정해보자. 이마트에는 그들만의 성공 스토리가 많이 있다. 이를 정리만 해서는 내 생각을 보여주기 어렵다. 그 성공 스토리에 무언가(예컨대 혁신의 여지)를 덧입혀서 그 기업이 참고할 만한 시각처럼 느껴지도록 하는 것이다.

예컨대 배송물량 포화 문제를 지적해볼 수 있다. 이를 극복하기 위해 무인기Drone를 활용하려는 아마존이나 무인자동차 개발에 역량을 모으고 있는 구글의 움직임은 이마트의 사업 영역과 결합해볼 수 있는 좋은 소재가 될 수 있다. 온라인의 절대 강자인 아마존이지만 오프라인 영역이 그들의 성장에 발목을 잡을 수 있다는 판단하에 무인기 배송전략에 사활을 걸고 있다고 한다. 구글의 생각도 같은 맥락에서 이해될 수 있다.

온라인의 확장성은 무한하지만 오프라인은 시간과 공간 측면에서 제한적이라는 관점에서 무인 로봇과 무인 자동차처럼 '사람+α'의 기능을 할 수 있는 새로운 시도에 열중하고 있는 것이다. 어떤 문제에 직면했을

적을 알고 나를 알아야 이긴다

때 기존대로 하던 관성을 벗어던지고 전혀 새로운 개념의 도입으로 문제를 해결하려는 모습이다. 바로 이런 노력이 짐 콜린스가 말한 플라이휠, 즉 혁신에 해당할 것이다.

그럼 이제 할 일은 이런 산업에 대한 정보를 바탕으로 이마트의 사업영역에 줄 수 있는 시사점은 없는지 파악하는 것이다. 만일 이마트의 물류구조나 방식을 학습하고 분석하는 과정에서 그런 혁신의 도구를 결합시킬 수 있는 여지가 있다면 그것이야말로 자신을 어필할 수 있는 효과 만점의 콘텐츠가 될 것이다.

소싱

요즘 소싱이란 용어가 자주 등장한다. 크라우드 소싱, 스마트 소싱 등 온라인과 디지털화에 따라 기업의 소싱 방식에도 큰 변화가 나타나고 있다. 면접에서 소싱이라는 주제가 얼마나 다뤄질지는 예측하기 어렵지만 온라인과 모바일에 기반을 두고 비즈니스를 펼치고 있는 기업에 지원했다면 소싱에 대해 잘 공부해둬야 한다. 크라우드 소싱에 대해서는 앞서 일부 설명하였으므로 여기서는 생략하기로 하고 제조업의 소싱 구조를 살펴보면서 활용할 수 있는 부분을 탐색해보자.

기계, 자동차, 금속, 화학, 섬유, 전자 같은 제조업은 완제품 생산을 위

나만의 콘텐츠로 원하는 회사 바로 간다

해 여러 부품 공급업체와 거래를 한다. 한 연구에 따르면 자동차의 경우 총제조원가의 50~80퍼센트를 구매 부품이 차지하고, 품질 문제의 30퍼센트, 그리고 부품 조달이 제때 되지 못해 생산에 소요되는 시간이 늘어나는 제조 리드타임^{Lead time}의 80퍼센트가 부품 공급업체 때문에 발생한다고 한다.

기업은 이런 문제를 예방하기 위해 끊임없이 대안을 찾고 있다. 삼성전자나 현대차 같은 글로벌 기업은 대부분 바이소싱^{Bi-sourcing} 구조를 갖고 있다. 기업 내부에서도 소싱하지만 이와 더불어 아웃소싱도 병행하는 것이다. 납기 문제나 가격 정책에서 자체 소싱 기능을 갖고 있으면 아웃소싱 업체들과의 협상에서도 유리한 점이 많기 때문이다. 따라서 소싱 구조로 보면 기본적으로 협력 파트너사의 퀄러티가 매우 중요하다. 소싱하는 기업 입장에서는 품질을 잘 살피는 요령, 품질 관리 능력과 같이 디테일한 부분을 보는 눈이 있어야 하며 협력사 관리 부분도 중요하다.

자신의 성격이나 장점 중에 위의 영역에 강점을 지닐 만한 부분이 있다면 소싱을 구체적인 지원 직무분야로 설정할 수도 있고, 아니면 자신의 경험이나 활동을 소싱에서 요구되는 측면에 맞추어 전략적으로 작성해 볼 수도 있다. 실제 기업의 현장에서 일어나고 있는 부분과 결합시키는 것인데, 자신의 장점을 그저 열거하는 것과는 차원이 다르다.

다음은 서비스 관련 산업의 소싱이다. 호텔이나 대형 유통업체처럼 내부소싱보다는 대부분 아웃소싱에 의존하는 기업에게 소싱 전략은 특히

적을 알고 나를 알아야 이긴다

중요하다. 납품 아이템이 무수히 많기 때문에 세심한 소싱 전략 없이는 품질과 수익을 담보하기 어렵기 때문이다. 이런 기업들은 늘 새로운 상품의 동향이나 대체 상품 발굴에 집중한다. 따라서 서비스 관련 산업에 지원하는 경우라면 소비자 취향 변화를 어떻게 감지하고 이에 대한 대응 전략을 어떻게 수립할 수 있는지 등과 같은 주제를 잘 담아야 한다.

한편, 유통업체의 경우 통합소싱 개념에 대해 이해해둬야 한다. 최근 대형마트에서는 가격경쟁력을 조금이라도 더 높이기 위해 통합소싱을 적극 도입하고 있다.

언론에 소개된 롯데마트의 사례를 보자. 신선식품이나 가공식품 구매에 있어 롯데슈퍼, 롯데칠성, 롯데주류 등의 계열사들과 통합 구매를 진행해서 원가를 20퍼센트 정도 낮추는 방식이다. 이런 경우 당연히 우량 산지 발굴이나 통합 구매에 필요한 협상 자질이 있는 사람에 대해 호감도가 높을 것이다. 그렇다면 원예학 전공자도 얼마든지 롯데마트에 지원할 기회를 엿볼 수 있다. 즉, 감자나 옥수수 같은 농작물은 물론 토양의 성질에 따른 산지 특성 등을 열심히 공부하고 여기에 유통에 대한 기본 소양(예컨대 기본 자격증이나 교육 프로그램 이수 등)을 갖춘다면 더 이상 어떤 스펙이 필요할까.

소싱에 대해 간략하게 살펴보았는데, 자신이 지원하려는 산업에서 소싱이 어떤 구조로 이뤄지고 있고 거기에는 어떤 소양과 자질이 요구될지를 탐색해보기 바란다.

나만의 콘텐츠로 원하는 회사 바로 간다

고객 관점에서의 마케팅 전략

'마케팅 근시안'이라는 표현이 있다. 제품 개발도 중요하지만 고객에 초점을 맞추는 마케팅을 우선시해야 한다는 것이다. 1960년대에 나온 단어이지만 반세기가 지난 지금도 유효한 개념이다.

마케팅 전문가였던 테드 레빗^{Ted Levit}은 철도산업의 문제를 근시안의 관점에서 설명해서 큰 관심을 모았다. 철도 비즈니스를 운송으로 보지 않고 철도 그 자체로만 국한했다는 것이다. 여행객이 왜 철도를 이용해야 하는지는 궁금해하지 않고 자신들이 잘할 수 있는 철도, 자체에만 몰입되어 있었다는 비판일 것이다.

스타벅스가 '우리는 커피보다는 피플 비즈니스를 추구한다'는 것도 마케팅 근시안의 관점에 부합한다. 이렇게 고객에 초점을 맞추는 이유는 마케팅의 타깃을 어디에 두느냐에 따라 기업의 성패가 좌우될 수 있기 때문이다. 스타벅스의 경우 고객들이 자신들의 제품을 구매하는 것은 최고의 커피맛을 추구해서라기보다는 집안 거실 같이 편안하면서도 도서관 열람실 같은 분위기의 시간과 공간을 제공하기 때문이라고 본다.

코닥^{Kodak}의 몰락 사례도 같은 관점에서 살필 수 있다. 소비자는 사진에 자신들의 추억을 담고 싶었던 것이지 필름이냐 디지털이냐는 중요하지 않았다. 고객에 초점을 두는 또 다른 목적은 고객이 지니고 있는 미래가치 때문이다. 특정 제품에 대한 소비는 한 번으로 끝나지 않고 수년에서 어쩌면 평생 이어질 수 있다. 한 잔의 커피는 몇 천 원이지만 그 고객이 지닌 미래가치는 수백만 원에서 수천만 원이 될 수 있는 것이다.

케이블 방송사나 인터넷 비즈니스 업체의 기업가치가 주로 가입자 수에 의해 결정되는 이유도 여기에 있다. 따라서 지원하려는 기업을 고객의 관점에서 무엇을 잘하고 있는지 혹은 좀 더 보완했으면 하는 점은 무엇인지 생각해보고 이를 어떻게 자신만의 콘텐츠에 녹일 수 있는지 고민해보기 바란다.

한편, 브랜드를 유지하려고 하는지 매출을 유지하려고 하는지를 살펴볼 수 있다. 경영학의 아버지로 불리는 피터 드러커는 "마케팅은 결국 브랜드를 구축하는 것이다"라고 정의했다. 매출을 늘리는 것은 결과이지 목표가 될 수 없다는 것이다. 자신의 브랜드를 어떻게 강화할 것이냐에 마케팅의 초점을 맞추라는 것이다. 하지만 많은 기업들이 이를 알고 실천한다고 하면서도 막상 매출에 더 목을 매는 것이 현실이다. 매출은 단기적으로 보이지만 브랜드 가치는 그렇지 않기 때문이다.

제품 가격이 고가로 올라갈수록 브랜드의 위력은 절대적인 힘을 발휘한다. 백화점에 진열되어 있는 핸드백을 보자. 길거리에 널려 있는 가방과 비교했을 때 기능적인 측면만 보면 가격 차이가 10배 이상 나는 것이 이해되기 어렵지만 소비자들은 명품브랜드가 지니고 있는 '신성함'에 지갑을 연다. 브랜드가 소비자 선택에 막대한 영향을 미치는 소비재, 즉 옷, 화장품, 자동차 등을 만들어내는 기업들의 광고만 봐도 브랜드를 어떻게

나만의 콘텐츠로 원하는 회사 바로 간다

생각하는지 알 수 있다. 제품에 대한 구체적 설명은 없다. 고급스러운 이미지에 시적인 표현의 카피만 있다.

이는 1990년대 프랑스 패션업계의 브랜드 전략과 맥을 같이 한다. 1980년대 말 이탈리아 패션업체들의 도약으로 고사 위기에 처한 프랑스 업체들은 브랜드의 가치를 종교나 신화 같은 성스러운 주제에 빗대어 표현했다. 그리스 신화에 나오는 여신처럼 옷을 입은 모델이 손에 향수를 받쳐 들고 있는 이미지를 떠올리면 이해하기 쉬울 것이다. 그런 콘셉트를 만들기 위해 관련 업체들은 종교학, 미술학, 지리학, 고고학, 박물관학, 언어학 관련 전공자나 전문가를 대거 영입한다. 그런 전략이 먹히면서 2000년대 들어 프랑스 패션업계는 비약적인 성장을 할 수 있었다.

이 사례에서 기업이 취하는 마케팅 전략을 잘 살펴보면, 예상치 못한 전공영역에까지 관련성을 발견할 수 있다는 점을 알 수 있다. 자기 전공을 고정관념으로 바라보게 되면 직장이나 직업 선택도 단조로울 수밖에 없다는 의미다. 세상을 보는 눈, 변화를 감지하는 센스, 사물을 이해하는 관점의 중요성을 다시 확인할 수 있다.

기업문화와 분위기

취준생들이 가장 궁금해하는 것 중 하나가 바로 회사의 문화나 분위기

적을 알고 나를 알아야 이긴다

에 대한 것이다. 여성들이 쓰는 제품을 만드는 기업이지만 실제 여성 직원들이 많은 곳인지, IT 기업인데 정말 개방적이고 복지가 좋은지, 대기업이라고 하지만 하루 종일 사무실에서 시키는 단순한 일만 계속해야 하는 것은 아닌지 등등 궁금한 게 한두 가지가 아니다. 가장 좋은 방법은 해당 기업의 조직원에게 실제 이야기를 들어보는 것이지만, 그런 기회가 모두에게 있기란 어렵다. 그런데 사실 상식적으로 판단해볼 수 있는 몇 개의 잣대가 있다.

먼저, 오너 기업인지 전문경영인 기업인지 확인해본다. 오너가 대표이사를 겸하고 있으면 오너 기업, 월급쟁이 대표이사가 회사를 경영하고 있으면 전문경영인 기업이라고 한다. 오너 기업과 전문경영인 기업은 회사가 운영되는 방식이나 조직의 분위기 등이 아무래도 큰 차이가 난다.

오너 기업은 '지존'이 직원들과 함께 일하기 때문에 일사불란한 조직문화를 갖고 있을 확률이 높다. 오너가 회사를 직접 경영하고 있다는 것은 이미 그 회사는 확고한 고객 플랫폼을 갖고 있을 뿐만 아니라 신속 정확한 경영 활동을 해왔을 확률이 높다. 경쟁사와 비교해서 뭔가 독점적인 위치를 점해왔기 때문에 적어도 일정 규모 이상의 기업을 경영하고 있다고 봐야 한다. 오너의 판단이 그동안 성공적이었기 때문이라고 추론해보면, 이런 회사는 지침이 정해지면 좌고우면하지 않고 되도록 앞만 보고 모두가 내달리는 스타일이다. 따라서 조직에 대한 직원들의 로열티, 즉 충성심이 특히 강조된다. 합리적인 의견을 무조건 무시하는 것은 아니지만 스피드 경영에 방해가 된다면 때로는 개인의 의견이 무시될 수도 있다. 이런 유형의 기업은 대기업에서부터 중소기업까지 다양하게 존재하는데 자소서나 면접에서도 그런 기업의 특성과 어느 정도는 부합하도록 보이는 것이 바람직하다. 객관적이고 합리적인 의견이라 하더라도 의견을 전달하는 과정에서 잘못 비춰질 수 있으므로 유의해야 한다.

반면 전문경영인 기업의 조직문화는 능력과 책임감이 강조될 수밖에 없다. 문제해결 능력을 우선시하는 것이다. 물론 오너 기업도 문제해결 능력을 중요시하겠지만, 상대적으로 오너 기업의 중역은 충성심이 강한 인물로 채워져 있을 가능성이 높다. 전문경영인 기업은 직원을 뽑을 때 유휴인력을 최소화하기 위해서 특정 분야에 꼭 필요한 인원만을 충원하려고 한다. 불필요한 비용을 줄이는 것이 전문경영인이 해야 할 임무 중 하나이기 때문이다. 따라서 이런 유형의 기업을 준비하기 위해서는 해당 기업에서 필요로 하는 직무분야를 구체적으로 파악하고 이에 맞추어 자신의 장점이나 재능을 기술하는 노력이 필요하다.

다음으로 상장기업인지 비상장기업인지 확인해본다. 상장기업은 1차적으로는 한국거래소[KRX]에 상장된 기업을 의미하지만 크게 보면 코스닥에 등록되어 있는 기업도 포함할 수 있다. 한국거래소와 코스닥에 상장되어 있는 기업 수는 2013년 말 기준 약 1,700개다. 비상장기업은 일부 대기업도 있지만 대체적으로는 중소규모나 중견회사들이 대부분이다. 상장기업에 입사하게 되면 아무래도 직원들의 신분이나 복리후생은 비상

적을 알고 나를 알아야 이긴다

장기업에 비해 유리한 점이 존재한다. 은행거래 시 대출한도와 같은 신용도상에 차이가 있을 수 있고 휴일이나 사내 복지 수준도 일정 수준은 보장된다.

하지만 비상장기업이 무조건 불리하다고 할 수는 없다. 항상 그렇지는 않지만 비상장기업에 입사하게 되면 주식으로 향후 목돈을 손에 쥘 확률이 상장기업에 비해서는 훨씬 크다. 업력이 일정 수준에 도달한 비상장기업은 성과가 지속될 경우 시간의 문제이지 가까운 미래에 상장의 기회를 갖게 된다(물론 오너의 방침에 따라 상장을 기피하는 경우도 간혹 있다). 이때 기존 직원들은 낮은 가격으로 주식, 즉 우리사주를 부여받을 가능성이 높기 때문에 상장을 계기로 큰 목돈을 손에 쥘 수 있는 것이다. 가끔 언론에 게임 업체나 IT관련 기업이 상장을 하게 되면서 적게는 수천만 원에서 많게는 수억 원을 손에 쥔 직원들 사례가 바로 그런 경우이다.

또한 상장기업은 비상장기업에 비해서는 시스템이 체계적으로 작동하고 있을 확률이 높다. 주주들을 비롯해 시장에서의 투자자 등 여러 이해관계자들이 항상 모니터링하고 있기 때문에 지나친 자의적인 경영 활동은 억제된다. 물론 기업의 성장을 위해 일대 대변신을 꾀할 수도 있지만 그것은 매우 이례적인 경우이고 대부분은 잘 짜인 경영전략과 영업 구도 속에서 성장을 도모한다.

반면, 비상장기업은 대기업과 중소기업으로 구분해볼 수 있는데, 대기업의 경우는 상장기업과 조직 특성상 별다를 것이 없다. 그러나 비상장 중소기업은 대체로 2퍼센트 부족한 상황에 처해 있을 개연성이 높다. 독점력을 갖고 고속 성장하는 기업도 있겠지만 아직 매출이나 수익 측면에서 반석에 완전히 오른 경우는 많지 않기 때문이다. 하지만 신입사원이 되고자 한다면 이것을 절대 부정적으로 볼 필요는 없다. 약간은 부족한 부분이 있기 때문에 입사 기회도 오히려 더 열려 있을 뿐만 아니라 해당 기업의 미래 성장 여부에 따라 월급만으로는 기대하기 힘든 자산을 축적할 기회도 있다.

비상장 중소기업이 원하는 인재는 가장 똑똑한 사람이 아니다. 함께 멀리 갈 수 있는 사람이다. 일정 요건만 갖추고 있다면 자신들과 동고동락할 사람을 인재로 본다. 이는 IT 업계도 마찬가지일 것이다. 신입 직원에게 새로운 성장의 책임을 지우는 기업은 별로 없다. 대기업보다 자유로운 분위기 속에서 주인의식을 갖고 2퍼센트만 더 노력하자는 것이다. 보상이나 복리후생의 수준은 다소 열세지만 대신 남들보다 좀 더 분발해서 미래의 파이를 함께 키워가겠다는 마인드와 태도가 있는지를 본다. 각자 대상 기업의 스타일에 따라 자소서나 면접의 톤을 잘 조절할 필요가 있다.

실무진이 직접 면접을 보는 기업인지도 확인해보자. 보통의 대기업 면접은 현업 실무진이 직접 면접위원이 되어 자신들의 부서에서 일할 신입사원을 몇 배수로 뽑고 경영진 면접에서 최종 합격자를 정하는 구조다. 이런 방식은 지원자가 자신들의 회사에 지원하기 위해 얼마나 준비해왔는지를 심층적으로 검증할 가능성이 크다. 그래서 직무 면접이라는 형식을 빌어서 실무부서 담당자와 지원자 간 개별 면접을 따로 실시하기도 한다. 따라서 지원자로서는 직무에 대한 기본적인 이해는 물론 현업이 어떻게 돌아가는지 그리고 무엇이 중요 이슈인지 등에 대한 다각적인 이해를 하려는 노력이 필요하다.

만일 증권회사에 지원하여 직무 면접을 봐야한다면 취준생들은 증권회사 일을 해본 경험도 없으니 무엇을 준비해야 할지 난감하다. 인턴이라도 해뒀어야 하는 것 아닌가 하는 아쉬운 생각도 든다. 하지만 너무 염려는 하지 않아도 된다. 인턴 경험이 증권회사 업무 이해에 약간은 도움이 되겠지만 그렇다고 해서 그것으로 면접 준비가 충분하다고는 보기 어렵다.

직무 면접을 위해서는 사전에 리서치를 해봐야 한다. 만일 지점영업 직무라고 하면 기본적으로 지점에서 취급하는 상품의 종류와 각 상품에 대한 간단한 이해 정도면 된다. 더 심층적인 내용은 실무자가 알아야 하는 것이지 신입사원에게까지 요구하지는 않는다. 정작 중요한 것은 영업에 대한 자질 부분이다. 직무 면접이라고 하면 지식 검증도 당연히 포함하지만 이는 기본적인 수준을 말하는 것이고 뼈대가 되는 마인드나 자질을 알아보려는 목적이 크다. 직무 면접에서 '만일 지점에 발령이 난다면 어떤 식으로 영업을 펼치고 싶은가'와 같은 근본적인 질문에 철저히 대비해야 한다.

만일 실무진 면접이 없고 임원 면접으로 곧장 들어가는 경우라면 실무

부서와의 적합성보다는 인성을 중시한다고 봐야 한다. 물론 여기에도 직무 면접에서 요구되는 자질을 검증해보는 질문은 얼마든지 등장할 수 있다. 다만 특정 지식을 검증하는 경우는 별로 없다는 점에서 여기에 큰 비중을 둘 필요는 없을 것이다.

마지막으로 홈페이지에 복리후생을 디테일하게 기술하고 있는 기업인지 확인해보자. 지원자들이 가장 신경 쓰는 부분이지만 복리후생으로 회사를 판단해서는 절대 안 된다. 약간은 '조삼모사朝三暮四'와 같은 측면이 있기 때문이다. 복리후생 리스트가 경쟁사에 비해 몇 줄 더 길다 하더라도 전체 임금수준에서 다른 결과가 나올 수도 있고, 막상 입사하더라도 홈페이지에 제시된 복리후생 항목들이 실제로는 무용지물인 경우도 많다.

항상 그렇다고 할 수는 없지만 복리후생 여건이 실제로 좋은 기업은 홈페이지에 이를 선전하듯 걸어놓을 리도 없다. 굳이 그런 점을 내세우려고 하지 않을 것이기 때문이다. 대신 좋은 인재를 선발하기 힘든 기업일수록 홈페이지상에 이런저런 복리후생 리스트를 잔뜩 올려놓고 있을 가능성이 높다.

실제 취준생 상당수는 자신이 어떤 기업을 가야 할지 잘 몰라 하다가 홈페이지의 복리후생 내용을 읽고 해당 회사를 가고자 하는 회사로 결정한다. 자신이 무엇을 잘할 수 있는지 그리고 그런 장점이 어떤 기업의 어떤 직무에 활용될지에 대한 판단이 안되다 보면 결국 그런 복리후생 부분이 선택의 기준이 되는 것이다. 물론 그렇게 해서라도 취업이 되면 나

적을 알고 나를 알아야 이긴다

무랄 수는 없다. 문제는 요즘은 그런 기업의 경우에도 그 기업을 다각도로 분석하고 이해해서 자신만의 콘텐츠를 준비해오는 지원자가 많다는 사실이다. 그래서 취업 준비의 출발점은 자소서 작성이 아니라, 입사하고자 하는 기업에 대한 분석이 먼저다.

기업분석을 활용한
직무에세이 작성 사례

지금까지 자소서와 면접에 필요한 자기만의 콘텐츠를 만드는 전략에 대해 살펴보았다. 이번 장에서는 이런 전략을 갖고 직무에세이를 작성하는 방법을 다뤄보고자 한다.

2014년을 전후하여 주요 대기업을 중심으로 탈스펙의 한 대안으로 직무에세이를 도입하는 사례가 생겨나고 있다. 간단한 에세이 한 편도 막상 쓰려면 쉽지 않은데 직무에세이까지 요구하니 취준생들의 고민도 커질 수밖에 없다. 직무테스트 중심으로 채용 프로세스가 진행되는 연구개발 분야에 비해 경영지원이나 영업 분야의 경우 직무에세이 비중이 절대적이므로 관련 분야 지원자의 경우 철저한 준비가 필요하다.

하지만 직장이나 실제 업무 경력이 전무할 수밖에 없는 취준생에게 직무에 대한 해박한 지식과 이해를 요구하지는 않는다고 생각한다. 직무와 관련한 에세이인 만큼 직무를 이해하는 자기 나름의 시각을 바탕으로 그 위에 자신이 해당 직무에 적합한 이유, 그리고 관련 활동과 경험 등을 잘 구성하면 될 것이다.

앞서 이미 이런 주제들을 다뤘던 만큼 화룡점정畵龍點睛의 마음으로 이번 장을 읽어보기를 바란다.

정해진 룰이 있는 것은 아니다. 기업분석법을 활용하여 직무에 대한 자기 나름의 시각을 가지고 자신의 장점이나 재능 그리고 경험과 활동을 흥미롭게 연결시키는 것이다. 이런 구조로 작성하는 것이 지원동기지만 요즘은 직무역량에 무게를 두는 추세이므로 직무에세이라 부르는 것 같다.

따라서 취준생 여러분이 지원동기를 작성하는 데 있어 여기서 제시하는 직무에세이 작성법을 그대로 적용하더라도 별 문제가 없을 것이다.

직무에세이를 구체적으로 작성해보기 위해 가상의 취준생을 설정해보았다. 대상 기업은 아모레퍼시픽, 현대차, 신한은행 등 세 기업이며, 아모레퍼시픽은 마케팅, 현대차는 국내영업, 신한은행은 상품개발 직무에 지원하는 것을 가정하였다.

기업분석을 활용한 직무에세이 작성 사례

아모레퍼시픽
마케팅 지원 직무에세이

　　　　　　　　취준생 A는 소비자경제학을 전공한 여학생이다. 대학 2학년 때부터 마케팅 분야에 관심을 갖게 되어 관련 서적도 가끔은 읽어보고 대내외 활동도 간헐적으로 참여하긴 했지만 미리 자신이 갈 기업을 설정하고 마케팅 직무를 구체적으로 준비하지는 못했다. 하지만 4학년 1학기가 되면서 본격적으로 취업 준비를 시작해야 하는 상황이다.

　그러던 중 평소 관심이 많았던 아모레퍼시픽에 대한 기업분석서 『바로 간다 아모레퍼시픽』을 발견하였다. 증권사의 기업분석 전문가인 애널리스트가 취업 준비생들이 지원 기업을 쉽게 이해할 수 있도록 집필한 것으로, 직무에세이를 쓰기 전에 꼭 챙겨봐야겠다는 판단이 섰다. 기업분석 전문가의 체계적인 프레임으로 최신의 이슈와 트렌드를 쉽게 들여다볼 수 있었다. 특히 그동안 인터넷 검색만으로는 알 수 없었던 정보들과

나만의 콘텐츠로 원하는 회사 바로 간다

각각의 중요도를 전문가의 시각으로 정리해주고 있어 교재로 활용해도 좋을 것 같았다.

이에 A는『바로 간다 아모레퍼시픽』을 활용하여 마케팅 영역에서 중요하게 다뤄지는 주제들을 파악한 뒤, 자신의 장점과 활동 경험들이 그 주제에 어떻게 부합할 수 있는지를 보여주는 구조로 작성 전략을 세웠다.

회사에서 제시하고 있는 직무 개요

제일 먼저 할 일은 아모레퍼시픽 홈페이지에서 회사가 제시하고 있는 마케팅 직무 개요를 살펴보는 것이다. 실제 내용은 다음과 같다.

> 장기적 관점에서의 시장 예측, 채널별·브랜드별 전략 수립, 마케팅자원의 분배, 효율·효과 분석, 마케팅 조사, 프로모션 전략, 인스토어 머천다이징 전략 등의 업무를 수행합니다. 또한 소비자, 제품, 미용과학의 유기체적인 연계를 통해 고객지향적 미용문화를 창조하며, 라이프스타일, 뷰티트렌드 등 고객분석과 브랜드 이미지 개발, 메이크업 캠페인 전개 등의 뷰티크리에이션, 미용정보, 미용법 개발 등의 미용과학을 통해 미용문화를 창조하여 사내외 고객에게 전달하는 역할을 합니다.

위 내용을 얼핏 살펴보면 마케팅 지원 직무와 관련한 주제가 상당히 광범위하다는 생각이 든다. 제시된 주요 단어들을 보면 채널, 브랜드, 전략, 마케팅, 시장조사, 프로모션, 인스토어, 소비자, 제품, 미용 문화, 라이프

기업분석을 활용한 직무에세이 작성 사례

스타일, 뷰티트렌드, 고객 분석 등으로 마케팅이라는 영역에만 한정되어 있지 않다. 마케팅을 제대로 수행하기 위해서는 결국 산업, 시장, 소비자, 시장이슈 등에 대한 기본적인 이해와 인식이 뒷받침되어야 한다는 뜻이다. 5장에서 다루었던 기업분석의 주요 내용도 이러한 맥락에서 살펴본 것이다.

그렇지만 직무에세이를 작성하는 데 있어 위의 모든 주제를 다뤄야한다는 것은 아니다. 지원동기든 직무에세이든 실제 작성은 기업분석의 여러 분야 중에서 특정 1~2개 정도의 주제를 기초로 자신의 장점과 활동 경험을 잘 결합시키면 된다. 에세이 분량이 대개 1,000~1,500자 내외의 분량임을 감안하면 그렇다.

따라서 직무에세이의 첫 단추는 자신의 장점이나 활동 경험이 해당 기업의 어떤 주제와 어울리는지를 잘 파악하는 것이다. 산업, 시장, 소비자, 이슈 등 어떤 영역도 가능하다. 그런 다음 그 부분이 마케팅 직무에 어떤 관련성과 의미를 지닐 수 있는지에 대한 나름의 분석과 시각을 보여준다면 내용의 90퍼센트는 완성된 것이나 다름없다.

자신의 관련 영역 찾기

전공이 소비자경제학인 A는『바로 간다 아모레퍼시픽』의 내용 중에서 '고정소득이 있는 노인인구의 증가로 실버화장품에 대한 수요가 늘어나고 있다'는 사실을 포인트로 잡았다. 현재 국내 고령인구 비중이 13퍼센트 정도지만 앞으로 고령화 추세에 가속도가 붙는다고 보면 회사로서도 이들의 잠재수요를 무시할 수는 없을 것이다. 따라서 이들에 대한 마케팅 전략을 치밀하게 계획하고 실행해나가야 한다는 추론도 당연하다.

특히 50대 이상 소비자들은 제품을 세트, 즉 패키지로 구매하는 경향이 있기 때문에 여타 연령층에 비해 객단가가 높다는 점이 A의 눈에 띄었다. 고령소비자와 패키지 판매라는 두 단어가 자신의 전공영역과 높은 관련성이 느껴졌기 때문이다.

그렇지만 답답한 마음도 함께 들었다. 관련성은 있더라도 지금 당장 고령소비자의 구매심리나 패턴을 꿰고 있는 것은 아니기 때문이다. 그리고 패키지 판매전략은 어떤 것인지 그리고 기업이나 소비자의 특성에 따라 어떻게 구사하는 것이 바람직한지에 대해서도 잘 모르기는 마찬가지다. 그렇지만 경력직 채용이 아니므로 이런 상황은 누구나 마찬가지며 너무 걱정할 필요는 없다. 정작 중요한 점은 어필이 가능한 포인트를 찾았다면, 즉 누가 보더라도 자신의 전공영역과 가깝다고 생각할 수 있는 주제라면 스스로 학습과 탐색 노력으로 얼마든지 자기 지식으로 만들 수 있다.

기업분석을 활용한 직무에세이 작성 사례

시간 여건이 된다면 관련 서적을 탐독하면서 이해의 폭을 넓히면 좋겠지만, 그렇지 않다면 핵심 포인트 중심으로 정리해보는 노력만으로도 완성도 있는 에세이 작성이 충분히 가능하다. 전혀 없는 내용을 거짓으로 말할 수는 없지만 직무영역에서 무엇이 중요한지를 판단하는 눈과 그것을 뒷받침할 수 있는 자신의 재능이나 직간접적인 경험 정도면 신입사원 채용에 필요한 직무에세이로서 손색이 없다.

A는 마케팅 직무에 자신이 적합한 이유에 대해 일단 실버화장품에 대한 수요 증가와 세트 판매에 대한 이해도를 바탕으로 작성해야겠다는 전략을 세웠다. 그다음 할 일은 그 주제와 관련해서 자신이 어떤 장점과 활동 경험을 가지고 있는지를 살펴보는 일이다. 논리적으로는 자신이 원하는 기업과 직무가 먼저 설정되고 이를 준비하기 위해 어떤 활동을 했는지 설명해야 하겠지만 대다수는 그렇지 못한 경우가 많다.

이처럼 체계적인 준비가 부족하다고 해서 직무에세이에 나의 민낯을 그대로 드러낼 수는 없는 일이다. 이럴 때는 연관성 있는 경험을 근거로 한 약간의 '논리 보정' 노력이 필요하다. 앞에서 언급했다시피 전혀 없는 사실을 지어내 작성할 수는 없다. 하지만 근거가 있고 뒷받침될 만한 연관성이 있다면 사전에 준비하지 못했다 하더라도 논리를 갖추기 위한 적절한 수준의 사후적인 보정은 가능하다고 생각한다.

물론 적극적으로 추천할 바는 아니지만, 지원동기나 직무에세이가 어떠한 특징도 없이 맹탕으로 흘러가서야 되겠는가.

나만의 콘텐츠로 원하는 회사 바로 간다

만일 취업을 1~2년 정도 앞두고 있는 경우라면 훨씬 전략적으로 취업을 준비할 수 있을 것이다. 목표하는 기업과 직무를 먼저 설정하고 이후 자신이 어떤 능력과 활동 경험을 갖춰야 할지에 대해 생각해볼 수 있다. '바로취업 시리즈'와 같은 기업분석서 등의 활용을 통해 쉽게 접근할 수 있고 그런 경우 이런 직무에세이 작성법이 따로 필요할까 싶기도 하다.

다시 돌아와서 A는 자신의 여러 봉사활동 중에서 자신이 살고 있는 지역의 구청에서 일한 경험이 생각났다. 실버세대를 위한 '행복한 100세 캠프'라는 프로그램의 진행 업무를 보조하는 일이었다. 소비자경제학 전공자로서 평소 실버세대의 경제활동에도 관심이 높았던 터라 그쪽으로 지원하였던 것이었다. 그런데 잘 따져보니 화장품회사, 그리고 고령화 트렌드에서 마케팅 기회를 엿보고 있는 자신에게 그때의 봉사활동 프로그램이 취업준비의 근거로 활용될 수 있겠다는 판단이 들었다. 특히 여러 수업 중에서 '건강과 아름다움', '노인의 정체성', '노인 심리' 과목이 있었는데, 추가적인 지식 탐색을 통해서 실버층 소비자의 구매채널 선호도나 소비 특징 등에 대한 시각도 정리해봐야겠다고 생각했다.

이 외에도 이전에 한 잡지사의 대학생 리포터로 참여한 경험이 마케팅 직무와 연관성이 높다는 생각이 들었다. 인기있는 기사를 쓰려면 독자들의 니즈와 관심사를 잘 이해하고 있어야 할 뿐만 아니라 사물이나 사건을 분석하는 능력도 길러야 하기 때문이다. 활동 초기에는 소양 부족으로 시행착오가 잦았으나 선배들의 지도와 스스로의 노력 등으로 글쓰기

기업분석을 활용한 직무에세이 작성 사례

는 물론 독자들의 니즈를 파악하는 요령도 나름 배양했다. 마케터로서 요구되는 자질과 역량에 대해 무엇을 보여줘야 할지 고민이 많았는데, 자신의 기자단 활동 경험을 흥미롭게 보여주면 좋을 것 같았다.

마지막으로 마케팅 직무와 관련해서 자신의 장점을 어떻게 기술해야 할 것인지의 문제가 남았다. 일단 마케팅의 기본 직무, 즉 시장과 소비자 분석이라는 주제에 대해 자신에게 어떤 장점이 있는지를 생각해봤다.

전공 과목의 과제 수행 때 남다른 노력으로 익힌 통계분석 프로그램의 활용 능력이 우선 떠올랐다. 주변 학우들의 경우 통계분석 툴을 초급 수준으로만 활용하여 과제를 제출한 것에 비해 자신은 향후 마케팅 직무와의 관련성을 생각해서 사설학원을 다니면서까지 중상급자 정도의 실력을 갖췄다. 특히 통계학과 친구와 함께 최근 화두가 되고 있는 빅데이터에 대해서도 간단하게나마 공부와 실습을 병행하여 일정 수준의 이해도를 갖고 있다.

마지막으로 진정한 마케터는 제품을 팔기 이전에 소비자의 마음을 얻을 줄 아는 능력이 있어야 한다는 생각이 들었다. 여러 마케팅 관련 서적에서 공통적으로 나오는 메시지였다. 돌이켜보니 학교 축제 행사를 준비하면서 얻었던 교훈이 생각났다. 협조나 협찬이 필요해 누군가를 그냥 찾아가면 성공할 확률이 10퍼센트도 안 되는데, 평소에 탄탄한 관계를 만들어두면 확률이 그보다 훨씬 높아졌던 것이다. 그래서 일상 속에서 나만 생각하며 생활하는 것이 아니라 주변에 나와 직간접적으로 인연이 되는 사람이라면 특별한 목적이 없어도 먼저 인사를 건네고 안부를 물어보았다. 이를 먼저 다가가는 사람이라는 점으로 강조해도 좋겠다는 판단이 들었다.

직무에세이 완성하기

위에서 살펴본 내용을 중심으로 A는 다음과 같은 직무에세이를 작성했다. 다음에 제시된 완성본은 『바로 간다 아모레퍼시픽』에 기반하여 직무에세이를 작성해본 것인 만큼 각자의 여건에 맞게 참고하길 바란다.

화장품 회사의 마케터 비전을 갖게 된 것은 대학 2학년 때부터입니다. 당시 화장품이라는 제품보다는 마케팅 직무에 흥미가 먼저 있었지만, 전공 학습과 직무능력 향상을 위한 과정 속에서 화장품산업에서 저의 잠재력을 발휘할 수 있을 것이라 판단하였습니다.

지난해부터 산업과 시장에 대한 이해를 높이기 위한 공부를 본격적으로 하면서 실버화장품시장의 성장세가 중국 변수 못지않게 중요해지고 있다는 사실을 알게 되었습니다. 고령화 추세도 가파르지만 고정소득이 뒷받침되는 중장년층의 경우 건강과 아름다움에 대한 관심이 남달라 향후 화장품시장의 주요 고객으로 이들이 부상하고 있다는 것입니다. 특히 이들은 세트 구매 경향이 강해서 객단가 측면에서도 매력적인 구매층입니다.

입사해서 제일 먼저 해보고 싶은 일도 바로 실버세대를 대상으로 한 마케팅 전략을 수립해보는 일입니다. 교내 수업만으로는 노령 소비자에 대한 이해가 부족하다

기업분석을 활용한 직무에세이 작성 사례

고 생각되어 봉사활동으로 거주지역 구청의 실버세대 교육 프로그램 진행을 지원했습니다. 활동 도중 틈틈이 노인의 건강과 아름다움, 노인의 심리 등과 같은 수업을 청강하면서 제 나름대로 실버세대와 관련한 주요 용어와 개념을 정리해보았습니다.

특히 소비자라는 관점에서 보면 노인들은 다층적인 소비심리를 갖고 있는데, 즉 젊었을 때 못다 해본 것에 대한 보상심리가 크지만 막상 지출행동은 충동적이기보다는 이성적이라는 것입니다. 또한 집단에 소속하려는 의식이 강하지만 최신 트렌드와 자기만의 스타일에 관심이 높다고 합니다. 그래서 공감, 존중, 진실성과 같은 예열작용이 활발해야 구매로 쉽게 이어질 수 있다는 전문가들의 의견에 공감이 컸습니다. 아마 세트 구매 경향이 높다는 것도 이런 특성을 반영하는 것이 아닐까 싶습니다. 이런 실버세대의 화장품 소비 특성을 잘 활용하여 아모레퍼시픽의 차세대 성장동력으로 키워나가는 일도 마케팅 부서의 중요한 임무라고 생각합니다.

저는 실버고객층의 화장품에 대한 마케팅 전략은 젊은 소비자의 것과는 달라야 한다는 것을 실증적으로 검증해보고자 했습니다. 먼저 통계학과 전공의 학우와 함께 빅데이터를 활용해보았습니다.

간단한 예로, 실버세대는 PC보다는 주로 모바일 단말기를 이용하여 검색을 하며, 특히 노화·갈등·죽음 같은 부정적 단어보다는 회춘·건강·행복·가족 같은 긍정적 단어를 좋아한다는 점을 발견했습니다. 실제로 노인들이 부정적 단어들에 계속해서 노출되면 신체 기능이 함께 저하된다는 연구결과를 보기도 하였습니다. 실버 화장품 마케팅 전략의 경우라면 접근을 어디에서부터 시작해야 할지에 대한 시사점을 주는 대목이라고 생각합니다. 소비자가 무엇을 원하는지를 먼저 이해해야만 적절한 마케팅이 집행될 수 있다는 것을 재인식할 수 있었습니다. 이런 교훈은 한 잡지사 대학생 리포터 활동을 하면서도 느꼈습니다. 독자들이 모르는 것을 알려주려는 것도 중요하지만 우선은 독자들이 듣고 싶은 것이 무엇인지를 먼저 이해할 때 기사에 대한 반응이 훨씬 강력하다는 사실을 경험했기 때문입니다.

마지막으로 마케팅은 결국 소비자의 마음을 움직이고 얻는 일이라고 배웠습니다. 제가 학교 축제 행사 준비과정을 통해서 알게 된 사실은 평소 주변 사람들과 관계를 잘 해줘야 내게 필요한 일이 생겼을 때 상대방의 협조를 쉽게 이끌어낼 수 있다는 것입니다.

이를 좀 더 넓게 생각해보면, 아모레퍼시픽이라는 회사의 이미지를 실버화장품 소비자들에게 평소 어떻게 인식시키고 관리하느냐도 매우 중요할 것입니다. 저는 지인들의 생일과 중요 기념일을 수첩에 빼곡하게 정리하고 있습니다. 해마다 날짜에 맞춰 보내는 안부나 축하의 문자 한 줄이 선물 한 꾸러미보다 상대방의 마음을 더 움직일 수 있다고 생각하기 때문입니다. 저는 입사 후 '중국 진출 이후 우리나라 화장품은?'이라는 도전적인 과제도 꼭 풀어보고 싶습니다.

기업분석을 활용한 직무에세이 작성 사례

현대차
국내영업 지원 직무에세이

　취준생 B는 사회학을 전공하면서 부전공으로 경영학을 택했다. B는 어려서부터 유별나게 자동차를 좋아해서 공학 분야에 관심이 많았지만 막상 대학은 학자가 되길 원하신 부모님의 권유에 따라 사회학과로 진학하였다. 하지만 1학년 겨울방학을 앞두고 B는 수업은 그럭저럭 들을 만했지만 학자로서의 미래에 대해서는 회의감이 들었다.

　한동안의 방황 끝에 B는 어릴 적부터 동경해왔던 현대차로의 취업을 목표로 하면서 새로운 전략을 세우게 되었다. 사회학을 전공하면서 현대사회의 복잡 다양성 속에서 개인주의적이고 배타적인 성향이 되어가는 인간심리를 이해하고 분석하는 것에 누구보다 재미를 느꼈는데 이런 요소가 자동차회사의 판매나 영업 분야와 관련성이 있다고 판단했다.

　애국심에 호소하는 마케팅은 더 이상 작동하지 않는다. 소비자들은 이제 자동차에 대한 다양한 니즈를 가지고 있다. 따라서 이에 대한 영업전략 분야에 자신의 소양 및 활동의 초점을 맞추고자 했다. 그래서 자동차 회사의 영업직무에 대한 준비를 보강하기 위해 부전공으로 경영학을 선택했던 것이다. 드디어 4학년이 되어 본격적인 자소서 작성 준비에 들어가게 되었는데, 교수님의 소개로 알게 된『바로 간다 현대차』를 읽어보면서 한층 짜임새 있는 직무에세이를 작성하게 되었다.

회사에서 제시하고 있는 직무 개요

현대차 채용정보 홈페이지에 들어가보면 전략지원 부문에 대해 상품전략, 마케팅, 국내영업, 해외영업, 재경, 정보기술, 경영지원 등으로 직무를 분류해놓고 있다. 참고로 2015년 기준으로 보면 공채의 경우 주로 이과 전공자 위주로 선발하고 인문계의 경우 상시채용 개념으로 프로세스가 이뤄지고 있어 B의 경우 상시채용으로 지원하면 될 것 같았다.

B는 자신의 전공 및 활동 영역으로 볼 때 국내영업 분야가 일차적으로 잘 매칭된다고 판단했다. 판매직무는 판촉전략 수립/마케팅, 생산계획 수립/물류 운영, CRM/CS, 대리점 운영 등이, 서비스 직무는 고객서비스 운영/지원, 서비스품질 지원, 국내보증 운영, 서비스협력사 운영 등으로 상세 직무가 제시되어 있다.

기업분석을 활용한 직무에세이 작성 사례

B는 국내영업 중에서 어떤 상세 직무를 겨냥해야 할지 고민이 되었다. 그래서『바로 간다 현대차』를 먼저 읽어보기로 했다.

자신의 관련 영역 찾기

사회학 전공자인 B는 자신의 전공영역과 관련성이 있는 대목을 찾는데 주안점을 두고『바로 간다 현대차』를 살펴보았다. 자동차 분야인 관계로 생소한 용어나 표현들이 적지 않았지만 영업전략에 초점을 두고 최근의 이슈나 흐름을 우선적으로 챙기려 했다.

먼저 2가지 포인트를 얻었는데, 하나는 온라인 판매채널의 비중이 해외는 물론 국내에서도 점차 커지고 있다는 점이며, 다른 하나는 국내시장 판매가 역성장세를 보임에 따라 소비자와의 소통 강화 필요성이 크게 대두되고 있다는 점이다. 특히 자동차의 경우 여타 산업에 비해 '안티 고객층'이 폭넓게 자리하고 있으며 성향도 공격적이어서 이 부분에 대한 대응전략이 요구된다는 것이다. 관련 내용을 온라인 등을 통해 추가적으로 검색해보니 허위사실 유포자에 대해서는 고소 등의 법적대응을 함과 동시에 고객과의 소통 강화를 위해 국내영업본부 내에 커뮤니케이션실을 신설했다는 소식도 알게 되었다.

B는 후자의 관점이 먼저 눈에 들어왔다. 국내 시장에서의 역성장 흐름

나만의 콘텐츠로 원하는 회사 바로 간다

에 고객과의 소통문제가 중요하게 자리 잡고 있다면 자신의 장점과 활동 경험을 여기에 연결시킬 수 있다는 생각이 들었다. 그래서 사회학 및 경영학에서 배운 지식을 접목해서 안티고객 문제 등 고객 커뮤니케이션과 관련한 영업에 대한 이해와 자신만의 시각을 보여줄 방법은 없는지 생각해봤다.

먼저 경영학 수업 때 '고객가치 제고전략'이라는 큰 주제하에 각 팀 별로 과제를 수행했던 일이 생각났다. B가 속한 팀은 '서비스 패러독스'라는 이론에 기초하여 고객들에 대한 서비스 회복 전략을 모색하는 과제를 정했다. 기업들이 제조업 마케팅 논리를 서비스 영역에 그대로 적용할 때 소비자의 불만이 쉽게 유발되는데, 온라인 채널의 확산과 이에 따른 가격경쟁이 심화되면서 이런 서비스 실패 현상이 다양하게 나타나고 있는 상황이다. 하지만 역설적이게도 불만고객에 대한 대응 여부에 따라 오히려 불만이 없는 고객보다 더 로열티를 제고시킬 수 있다는 '회복 패러독스'가 존재한다고 해서 이를 실증적으로 검증해보기로 한 것이다.

4명이 한 조가 되어 외식레스토랑 비즈니스에 이 이론을 적용시킨 뒤 서비스 회복 전략을 모색해보았다. 이 과제를 통해서 고객만족의 중요성과 접근전략에 대해 나름의 교훈을 얻었기 때문에 그 부분을 에세이에 강조하면 될 것 같았다.

B는 고객가치라는 주제를 좀 더 피부로 느껴보기 위해 IT기기 제조사의 마케팅 파트에 인턴으로 지원했다. 그 회사는 얼리어답터 커뮤니티와

기업분석을 활용한 직무에세이 작성 사례

소통을 잘하는 것으로 소문이 나 있었는데, 고객관리에 대한 구체적인 스킬을 배우고 싶었기 때문이다. 실제로 전체 수요 중에서 13.5퍼센트는 얼리어답터가 차지하며 이들은 주로 전문가이자 오피니언 리더로서 시장 트렌드에도 상당한 영향력을 행사하기 때문에 이에 대한 경험이 향후 취업에도 도움이 될 것 같았다. 주로 개인적으로 활동하는 얼리어답터들이 많지만 이들이 원하는 정보나 서비스에 적절하면서도 선제적인 대응이 자사 상품의 이미지나 매출에 긍정적인 영향을 준다는 점을 현장에서 확인해보고 싶었다.

생각해보니 자동차업계의 경우 주로 20~30대 연령의 얼리어답터들이 주류를 이루고 있고, 이들 중 일부는 안티 고객층으로도 활동하기 때문에 현대차와도 무관하지 않게 느껴진다. 아직까지 국내에는 얼리어답터 커뮤니티가 활성화 초기 단계에 있고 기업들도 큰 비중을 두고 있지는 않은 것으로 파악되었다. 하지만 SNS나 온라인 커뮤니티 등 온라인 매체를 중심으로 이들의 평가나 주장이 빠르게 전파될 뿐만 아니라 신뢰수준도 높아 큰 기업일수록 관심을 많이 가져야 한다는 생각이 들었다.

한편, 사회학을 전공하면서 익힌 인문학의 영역, 즉 인간을 이해하는 자신만의 시각도 어쩌면 여타 지원자와 차별화할 수 있는 포인트가 될 수 있겠다 싶었다. 이와 관련해서 B는 3학년 학기 초 경영학과 교수님을 찾아가 몇 차례 면담을 가졌던 적이 있다. 경영에 인문학이 접목되는 시대라고는 하지만 막상 방법론에 대해서는 막연했기 때문이다.

마침 브랜드 경영 분야에 정통한 그 교수님의 설명은 B의 취업 준비 방향 설정에 큰 도움을 줬다. 경영학에서 인문학, 즉 휴머니즘의 요소가 가장 활발하게 적용되는 분야는 신규 고객 창출보다는 기존 고객 만족에 비중을 많이 두고 있으며, 이는 브랜드에 대한 존재론과 인식론의 관점에서 많이 다뤄진다는 설명이었다. 즉, 고객의 정보 획득력과 이해력이 크게 향상되면서 브랜드와 제품의 실체를 보는 눈이 생겼다는 것이다. 그래서 실체에 대한 고객의 인식이 본질에서 벗어날수록, 즉 기업이 고객에게 부여하는 이미지와 가치가 실체와 멀수록 브랜드 로열티도 저하되고 이런 결과로 신규 고객 창출은 점점 어려워진다는 것이다. 남들과 유사한 제품과 서비스를 제공해서 신규 고객을 창출하는 전략보다는 기존 고객에게 더 다양하고 실질적인 혜택과 서비스를 제공하는 것이 실체에 대한 고객의 인식을 강화함으로써 매출 확대를 꾀하는 것이 수월하다는 의미였다.

좀 더 쉽게 말하자면 수많은 제품 앞에서 선택 장애를 겪고 있는 고객들에게 제품의 실체를 벗어난 거품만 강조하면 결국에는 소비자를 기만하는 꼴이 된다. 따라서 지혜로운 마케터라면 제품의 실제 가치를 고객들이 생각하는 존재론적인 진정성에 맞춘다는 것이다.

아직 당장은 인문학을 영업이나 마케팅에 어떻게 적용하고 활용할지에 대해서는 명쾌하게 떠오르지 않지만 교수님의 설명을 듣고는 영업과 마케팅의 영역이 인문학의 한 분야가 되고 있다는 확신을 갖게 되었다.

기업분석을 활용한 직무에세이 작성 사례

물론 위와 같은 전략을 B 스스로 수립할 수 있는 단계는 아니지만 팀의 일원으로서 일정 역할을 해낼 수도 있겠다는 자신감은 가져도 될 것 같았다.

이제 B는 고객에 대한 이런 인문학적 접근과 해석의 시각을 에세이에 가볍게라도 반영해야겠다는 생각이 들었다. 그래서 B는 자신의 인문학적 소양을 다음의 주제와 연계해서 강조해보기로 했다. 즉, 기업의 전략이 고객들의 인식에 어떤 강렬함과 차별성을 줄 것인가에 초점이 모아지는 추세에 논점을 맞추는 것이다.

그리고 한 가지 아이디어가 더 떠올랐다. 평소 경영학 교재에 나오는 수많은 산업을 접하면서 업에 대해 새로운 정의를 내려보는 일을 자주 해봤다. 인문학의 힘은 사람과 사물을 보는 눈에서 나타나듯이, 자신이 비록 사회학도이지만 업에 대한 카테고리를 흥미롭게 재정의 해보는 경험을 통해 경영학을 이해하는 시각도 기를 수 있었기 때문이었다. 예컨대, 호텔은 숙박업인가 부동산업인가, 자동차는 운송수단인가 아니면 휴식과 충전의 공간인가 같은 식으로 답은 없지만 업을 보는 눈을 기르기 위해 고민해보고는 하였다.

또한 현대차가 골머리를 앓고 있는 안티 팬 문제에 대해서도 인문학 시각을 활용하여 대응할 수 있는 방법을 간단하게나마 모색해봤다. 안티 팬들은 주로 온라인 자동차 동호회나 중고거래 사이트 등에서 사실이 아닌 내용을 주장하거나 악플을 다는 식의 문자 형태가 주를 이루고 있다는 점을 발견하였다. 따라서 회사로서는 과도한 허위주장에 대해서는 법적인 대응도 해야겠지만 동시에 문자는 문자로 지혜롭게 맞받아치는 전략도 필요하다는 판단이 들었다.

몇 해 전 가수 '노라조'의 악플 대처 사례를 참고할 만했다. '이것들 뜨려고 별 쌩쑈를 다하는 구나'라고 하면 '맞습니다!! 진짜 뜨고 싶습니다! 떠보고 싶어서 그랬습니다!!', '가수 맞니?'하면 '한 놈은 많은 사람들이 개그맨으로 알고 있고, 한 놈은 외국인으로 알고 있습니다. 가수라고 인정해주실 때까지 열심히 하겠습니다!' 같은 식이다. 언어의 힘으로 상대방의 김을 쏙 빼면서도 자신들의 진정성에는 금이 가지 않게 하는 지혜로운 방법이라 생각했다.

멘탈로 이기는 이런 전략은 인간의 심리를 꿰뚫어 보는 인문학의 힘이 뒷받침되지 않으면 안되는 것이기도 하다. B는 입사 후 자신에게 악플 고객관리 임무가 주어진다면 가칭 '현사모(현대차를 사랑하는 모임)' 조직을 만들어서 안티 팬에 대한 체계적인 대응 매뉴얼을 구축해보고 싶다는 생각도 들었다.

이제 B는 이런 평소의 습관과 경험들을 잘 정리해서 영업이나 마케팅 직무역량을 보여줄 수 있는 근거로 삼기로 했다.

기업분석을 활용한 직무에세이 작성 사례

직무에세이 완성하기

B는 다음과 같이 직무에세이를 작성해보았다. 분량은 2,000자 정도다.

국내영업 부문에 지원한 B입니다. 어릴 적부터 자동차를 유별나게 좋아해 공학분야에 관심이 많았지만 학자로서의 길을 가길 원하신 부모님의 권유로 사회학을 전공하였습니다. 하지만 바깥 공기와 햇살을 즐기는 저의 성향과는 맞지 않는다고 판단하여 2학년에 진학하면서 경영학을 부전공으로 삼고 꿈꿔왔던 자동차회사 취업을 준비하게 되었습니다. 일단 전공이 사회학인 만큼 소비자로서의 인간을 이해하고 분석하는 일이 자동차 판매나 영업 분야와 어떤 관련성이 있는지를 탐색해봤습니다.

최근 자동차시장의 흐름을 살펴보면서 국내 시장의 역성장세가 자동차 제조사에게 상당한 부담이 되고 있음을 알 수 있었습니다. 특히 자동차산업의 경우 안티 고객층이 여타 산업에 비해 폭넓게 자리하고 있고 성향도 공격적이어서 허위사실에 대한 법적대응 외에도 고객과의 소통 강화 필요성이 크게 대두되고 있는 것 같습니다. 이에 사회학 및 경영학에서 익힌 저의 실력과 활동 경험을 살려서 안티 고객 문제 등 고객 커뮤니케이션 관점에서 국내영업 활성화에 기여해보고 싶습니다.

사실 고객에 대한 이해와 가치 증대라는 주제는 경영학 수업 때 자주 접하였는데, 그중에서도 팀 프로젝트로 진행한 '서비스 패러독스' 이론에 대한 검증 작업이 유용했습니다. 제조업 마케팅 논리가 서비스 영역에 여과 없이 적용될 때 소비자 불만이 쉽게 발생하는데, 온라인 채널 확산과 가격경쟁으로 이런 서비스 실패 현상이 일반화되고 있습니다. 하지만 역설적이게도 불만고객에 대한 대응이 어떠했는가에 따라 오히려 불만이 없는 고객보다 더 로열티를 제고시킬 수 있다는 '회복 패러독스'가 존재한다고 해서 이를 실증적으로 검증해보기로 한 것입니다.

외식 레스토랑에 적용해본 결과이지만 실제로도 증명되었습니다. 핵심은 대응 시스템에 있었습니다. 매니저 개인의 힘으로 대응하는 것보다는 식당 차원의 시스템

나만의 콘텐츠로 원하는 회사 바로 간다

이 작동될 때 고객만족도가 훨씬 높았습니다. 이 과제를 수행하면서 고객 대응 매뉴얼을 만들거나 고도화시키는 일에 관심이 커진 것 같습니다.

이후 고객 가치에 대한 이해를 더 높이기 위해 IT기기 제조업체인 K사의 마케팅 파트에 인턴으로 지원했습니다. 그 회사는 얼리어답터들과의 소통에 강점이 있었는데, 실제 고객관리 스킬을 경험해보고 싶었습니다. 주로 개인 활동의 얼리어답터들이지만 전체 고객의 13.5퍼센트나 되어 이들이 원하는 정보나 서비스에 적절하면서도 선제적인 대응이 이루어져야 자사 상품의 이미지나 매출에 긍정적인 영향을 준다는 점을 배웠습니다.

자동차는 20~30대 얼리어답터들이 주류를 이루고 있고, 이들 중 일부는 안티 고객층으로도 활동하기 때문에 현대차와도 무관하지 않다고 생각합니다. 일할 기회가 주어진다면 우선 얼리어답터와의 소통 강화를 통해 안티 팬 문제도 지혜롭게 풀어보고 싶습니다.

저는 고객 이해와 영업 활성화라는 큰 주제와 관련해서 나름의 시각을 갖게 되었습니다. 먼저 브랜드 분야에 정통한 교수님 수업을 열심히 들으면서 신규 고객보다는 기존 고객을 통한 가치창출이 요즘과 같은 무한경쟁시대에는 더 효과적이라는 사실에 공감이 컸습니다. 이런 시각에는 존재론과 인식론이라는 인문학적 요소들이 밑바탕에 깔려 있는데, 수많은 제품 앞에서 선택 장애를 겪는 고객에게 제품의 실체를 도외시한 거품만 갖고 인식(론)을 강조할 것이 아니라 제품의 실제 가치를 고객들이 생각하는 존재(론)적 진정성에 맞춰야 한다고 생각합니다.

이런 인문학적인 시각은 안티 팬 문제를 풀어가는 데에도 응용될 수 있다고 생각합니다. 몇 해 전 가수 '노라조'의 악플 대처 사례를 참고해보겠습니다. 이들은 '이것들 뜨려고 별 쌩쑈를 다하는구나'라고 하면 '맞습니다!! 진짜 뜨고 싶습니다! 또한 '가수 맞니?' 하면 '한 놈은 개그맨, 또 한 놈은 외국인입니다. 가수로 인정해주실 때까지 열심히 하겠습니다!' 같은 식으로 응수합니다. 언어의 힘으로 상대방의 김을 쏙 빼면서도 자신들의 진정성에는 금이 가지 않게 하는 지혜로운 방법입니다. 멘탈로 이기는 이런 전략에는 인문학의 힘도 요구되는 만큼 저에게도 기회가 있다고 생각합니다.

기업분석을 활용한 직무에세이 작성 사례

마지막으로 저는 경영학을 배우면서 업에 대해 새로운 정의를 내려보는 일을 자주 해봤습니다. 예컨대, 호텔은 숙박업인가 부동산업인가, 자동차는 운송수단인가 아니면 휴식과 충전의 공간인가 같은 식으로 말이죠. 답은 없지만 업의 본질을 보는 눈과 힘을 기르기 위해서입니다.

문제의 본질을 잘 볼 수 있어야 해법도 쉽게 찾을 수 있다고 생각합니다. 만일 저에게 악플 고객관리 임무가 주어진다면 '현사모(현대차를 사랑하는 모임)' 조직을 만들어서 안티 팬에 대한 체계적인 대응 매뉴얼을 구축해보고 싶습니다.

나만의 콘텐츠로 원하는 회사 바로 간다

신한은행
일반직(상품개발) 지원 직무에세이

신한은행 사례에서는 가상의 취준생 C가 저학년 때부터 은행 입사를 치밀하게 준비해온 경우로 가정해보았다. C의 전공은 문화인류학인데, 전공 특성상 4학년이 되어 시작하면 늦다며 '취업을 미리 준비하라'는 선배들의 조언에 따라 2학년 때부터 직업 탐색에 힘을 쏟았다.

부모님은 전공 특성도 살릴 겸 여행사 마케팅 쪽을 원하셨지만 C는 평소 경제지를 매일 챙길 만큼 금융시장에 관심이 많았던 터라 시중은행으로 방향을 결정하였다. C가 먼저 한 일은 은행에 근무하고 있는 고등학교 선배를 찾아가 뵙는 일이었다. 영업전략 파트에서 일하고 있어 은행업의 현재와 미래에 대해 비교적 자세한 설명을 들을 수 있었다. 특히 모바일과 디지털 기술의 발달로 은행의 채널에 구조적인 변화가 시작되었으며, 금융고객의 트렌드를 이해하고 제때 반영하는 시스템 구축에 초점

기업분석을 활용한 직무에세이 작성 사례

이 모아지고 있다는 말에 귀가 솔깃했다. 왜냐하면 문화인류학 전공자이지만 새로운 고객 트렌드를 이해하고 영업전략을 세우는 직무라면 뭔가 접점이 있겠다는 생각이 들었기 때문이다. 이때부터 C는 자신이 은행에 지원할 수 있는 근거와 논리를 본격적으로 만들어보기로 했다.

회사에서 제시하고 있는 직무 개요

신한은행의 경우 일반직과 리테일서비스직[RS]의 2개 직군으로 나뉘어 있다. 리테일서비스직군은 지점에서 입출금과 신용카드, 환전 등의 텔러 업무를 주로 담당하기 때문에 상품개발 분야에 지원하려는 C는 일반직에 해당하였다. 제조업체와는 달리 직무에 대한 상세한 설명은 나타나 있지 않지만 상품 관련 부서를 설정해서 자신의 직무에세이를 작성하기로 했다.

자신의 관련 영역 찾기

4학기에 접어들면서 C는 자신의 지도교수님을 찾아갔다. 고객 트렌드 이해와 관련해서 문화인류학 영역에서 접근할 부분은 없는지 알아보기

나만의 콘텐츠로 원하는 회사 바로 간다

위해서다.

지도교수님은 '어떻게 그런 생각을 하게 됐냐'며 기뻐하시면서 C가 원하던 답을 즉석에서 제시해주셨다. 바로 '마케팅인류학'이었다. 고객의 심층적 니즈를 정확히 알아내기 위해 고객의 동의하에 그들과 동행하면서 활동을 관찰한 뒤 면담 등을 통해 시사점을 얻어내는 조사방법이다. 학계에서는 이를 문화인류학적 조사라는 의미로 '에스노그래픽Ethnographic 리서치'라고 칭한다. 경영학의 마케팅 리서치 방법 중 하나로 최근 글로벌 기업을 중심으로 적극적으로 활용한다고 한다.

C는 자신의 전공영역이 마케팅의 새로운 기법과 연계되어 있다는 사실에 솔직히 놀랐다. '융합의 시대'라는 것이 바로 이런 모습이구나 하는 생각이 들었다. 이런 관점을 가져서인지는 몰라도 학과 게시판에 붙은 캠프 참자가 모집 안내문이 눈에 확 들어왔다. 이웃에 있는 한 대학에서 방학 때 '마케팅인류학' 캠프를 연다는 내용이었다. 당연히 C는 참가하였고, 실제 매장에 가서 고객을 상대로 에스노그래픽리서치를 활용한 실습 경험도 쌓았다.

프로그램에는 포함되어 있지 않았지만 C는 대상 고객을 어떻게 선정하는지, 즉 고객 타깃팅 방법론도 간략하게나마 알고 싶었다. 자소서나 면접에서 '전략'에 대해 뭘 말해보라고 하면 제일 먼저 할 일이 타깃 고객의 설정이다. 취준생들 상당수가 고객 설정도 없이 마케팅이나 판매기법만 말하다가 낙제점을 받는다는 선배들의 조언이 있었기 때문이다.

기업분석을 활용한 직무에세이 작성 사례

캠프에 참여한 경영학과 교수님의 친절한 코칭 덕에 C는 필립 코틀러의 『마케팅 원론』을 개인적으로 다독하였을 뿐만 아니라 지리적·인구통계적·심리분석적·행동적 기준 등을 활용하여 고객을 타깃팅하는 요령도 알게 되었다.

이제 할 일은 은행 비즈니스에도 에스노그래픽리서치가 얼마나 적용되고 있는지 혹은 앞으로 적용 여지는 얼마나 있을지에 대한 탐색이었다. 만일 중요하게 다뤄지고 있다면 이 부분에 대한 이해와 실력을 쌓아서 은행권에 지원해볼 수 있겠다고 생각했기 때문이다.

그러던 C는 우연히 들렀던 서점에서 증권사 애널리스트가 쓴 『바로 간다 신한은행』을 발견하였다. 이를 정독하면서 금융산업에도 고객조사에 대한 새로운 접근법이 요구되고 있다는 내용을 확인할 수 있었다.

금융산업의 경우 금융위기 이후 고객들이 수익성과 안정성이라는 상반된 가치를 동시에 추구하는 '뉴노멀' 시대로 진입했다는 것이다. 이런 뉴노멀 환경하에서 금융회사들은 고객 세분화Segmentation를 더욱 섬세히 해야만 하고 이를 위해서는 고객 리서치 능력의 강화가 필수라는 점을 이해할 수 있었다.

C는 이 내용을 근거로 해서 금융연구 기관에서 발간한 여러 연구보고서를 찾아보았다. '은행의 현재와 미래'라는 주제만으로도 생각보다 많은 자료들이 올라와 있었다. 그중에서 '이거다!' 하는 내용을 2가지 발견했다. 하나는 현재 은행의 경우 고객 정보Profile의 추적과 재평가 주기가

상당히 길어 요즘과 같은 뉴노멀 환경에서 고객 니즈에 대한 적절한 재평가 능력은 곧장 은행의 경쟁력으로 직결될 수 있다는 점이다. 그러면서 뱅크오브아메리카^{Bank of America}가 지도교수님이 말씀하신 바로 에스노그래픽리서치를 실시하고 있다는 내용도 눈에 띄었다. 미국의 은행이 실제로 그런 마케팅 기법을 활용하고 있다는 점을 확인하게 되니 C로서는 더욱 자신감이 생겼다. 앞으로 여기에 초점을 두고 공부와 활동을 병행하면 되겠다는 판단을 할 수 있었다.

다른 하나는, 가족 중심의 생활방식 확대가 금융고객의 주요 트렌드로 자리 잡고 있다는 것이다. 이 트렌드를 가장 먼저 영업과 마케팅에 적용하고 있는 분야가 바로 통신사였다. 가족의 구성원 수는 줄어드는 대신 가족 간의 결속력은 점점 강화되고 있어 이 부분을 비즈니스에 적극 활용하는 것이었다. 떨어져 있는 가족 간 연결을 전화가 담당하다보니 가장 적극적일 수밖에 없기도 하다.

아무튼 저성장과 위기의 반복 등으로 가족의 소중함이 강조되는 사회 흐름이고 또한 젊은 세대, 즉 밀레니얼 세대^{Millenials}의 경우 부모에 대한 의존도가 과거 세대에 비해 현저히 높다는 근거 등으로 판단해보면 가족이라는 개념의 중요성은 점점 커지고 있음은 분명하다. 이 부분도 어떻게 보면 문화인류학을 전공한 C에게 자기 앞마당처럼 느껴졌다.

C는 인턴 경험을 이왕이면 통신사 마케팅 부서에서 해보겠다는 전략을 세웠다. 지원동기에 자신의 이런 인식과 그동안 준비했던 것들을 잘

기업분석을 활용한 직무에세이 작성 사례

정리했더니 실제로 3학년 겨울방학 때 인턴 기회를 얻을 수 있었다. 금융 계열 회사는 아니지만 가족 개념의 마케팅이 가장 활발한 통신사 마케팅 부서에서의 인턴 경험인 만큼 은행과도 연결될 수 있다는 판단으로 열심히 일하고 배우려 했다.

한편, C는 인턴 활동에서 얻은 경험만으로는 은행에 직접 적용하는 논리가 다소 단조로울 수 있다는 판단이 들었다. 그래서 직접 은행권의 상황을 살펴보기로 했다. 선배들과의 면담과 각종 자료를 살펴보니 '가족' 관련 상품이나 서비스가 존재하지만 활성화되지는 못하고 있다는 사실을 발견하였다. 그래서 주변 분들을 대상으로 간단한 조사를 해보았다. 그 결과 과반수가 가족 우대 상품의 존재를 잘 몰랐다. 알고 있는 경우에도 혜택의 수준이 통신사에 비해 비교적 낮다고 생각하였다. C로서는 이런 영역이야말로 자신의 미래 비전을 펼쳐볼 수 있는 무대라는 생각이 들었다.

기업으로서는 분명히 가야할 길이지만 아직은 환경이나 시장 여건이 성숙하지 못한 영역에서 새로운 성장동력을 찾는 일이야말로 자신의 입사 비전임에 분명했다. C는 자신의 장점을 한 가지 더 갖춰야겠다고 생각했다. 바로 좋은 정보를 고객에게 신속 정확하게 전달하는 능력이다.

이런 능력을 키우는 데는 '콜센터 스크립트 교육 프로그램'이 유용할 수 있다는 것을 지도교수님을 통해 알게 되었다. 회사 콜센터 운영에 있어 핵심 요소 중 하나가 회사의 프로세스라고 할 수 있는 스크립트인데,

이것을 얼마나 효과적으로 구축해두는가에 따라 고객에 대한 정보 전달의 수준도 결정된다고 한다. C는 학기 중 저녁시간을 활용해서 관련 학원 수업을 들었다. 대부분 직장인이었고 대학생은 관련 분야 취업을 준비하는 한 사람을 포함해서 딱 2명이었다.

막상 수업을 들으면서 기업들의 대고객 전략이 시대를 잘 따라가지 못하고 있다는 사실을 알게 되었다. 고객이 기업에게 가장 원하는 것은 신속 정확한 정보 전달임에도 불구하고 지나친 인사치레나 불필요한 미사어구 등 쓸데없는 요소들로 고객과의 중요한 만남의 시간을 무력화시킨다는 것이다. C가 직접 스크립트를 만드는 직무를 겨냥하고 있는 것은 아니지만 고객을 이해하는 시각을 기르는 데 매우 실용적인 수업이었다.

2개월간의 수업과정을 통해 C는 직무에세이는 물론 면접에 가서도 고객관계관리(CRM, Customer relationship management) 분야의 주제들에 대해서도 크게 위축되지는 않을 수 있겠다는 자신감을 얻게 되었다.

한편, C는 신한은행의 핵심가치 등 기업의 경영철학에 대해 생각해보았다. 흔히 면접에 가면 '하필 왜 우리 회사를 지원하게 되었냐'고 물어본다기에 구체적인 시각을 갖추고 있어야 할 것 같았다.

C가 참고한 『바로 간다 신한은행』을 통해 새롭게 알게 된 사실은 신한은행이 2011년 금융사 최초로 브랜드 경영을 선포했고, 브랜드 이미지도 기존 은행권이 가지고 있던 '신뢰'에서 '온기'로 설정하였다는 것이다. 그래서 과거 은행장의 신년사를 찾아보니 진짜로 '따뜻한 금융'을 강조

기업분석을 활용한 직무에세이 작성 사례

하고 있었다. 여기서 C는 자신의 문화인류학적 소양을 발휘해서 왜 지금 신한은행이 따뜻함을 강조하는 것일까에 대해 고민해보았다.

그에 대한 실마리는 금융이 아닌 다른 영역에 있었다. 사회심리학과 철학의 영역에서 비롯되고 있었다. 그래서 관련 해외 석학들의 책과 인터뷰 등을 상세하게 정리해보았다. 사회학자들은 경제학은 인간의 이기적인 행동을 기본 가정으로 깔고 있지만 정작 고도자본주의 사회에 진입해서는 인간에 대한 이런 가정에 근본적인 회의가 생겨나고 있다고 지적하고 있었다. 과연 인간은 이기적이기만 할까 하는 것이다.

이와 더불어 금융영역 내에서도 기존 질서에 대한 근본적인 의문이 나타나고 있음을 알게 되었다. 고객들의 신용을 받는 금융기관으로서 진정한 역할을 제대로 수행해내고 있는가? 자기주도형 고객의 확대에 대한 명확한 점포 전략은 있는가? 뱅크아마존Bank Amazon, 뱅크구글Bank Google과 같은 새로운 유형의 은행의 등장은 기존 은행의 미래에 무엇을 말해주는가 같은 주제들이다.

금융을 금융만의 시각으로 봐서는 해법을 찾기 어려운 이슈들이기도 하다. 이런 탐색을 해보니 왜 지금 '따뜻한 금융'을 말하는지 나름의 이해를 할 수 있었다. 고도자본주의와 물질만능시대라고 하지만 삶을 개척하는 인간은 절대 이기적이지만은 않다는 전제에서 출발하기 때문이다. 물질을 추구하되 이타적인 행위를 통해 삶의 균형도 맞추려 한다는 것이다. 생각해보니 판매 수익금 중 일부를 어려운 이웃을 돕는 데 쓰도록 설계된 상품이 최근 다양하게 출시되고 있는 흐름도 이런 맥락에서 이해되었다.

은행의 상품개발전략이 이런 인간의 진화 요소까지 감안하는 시대라고 생각하니 C는 미래 은행원으로서 자신의 영역이 보다 넓게 느껴졌다. C는 은행 비즈니스를 둘러싼 최근의 이슈들에 대해 자신의 시각을 잘 정리한 뒤 직무에세이에 활용하기로 했다.

직무에세이 완성하기

그동안의 취업 준비 노력과 활동 경험을 종합하면서 C는 다음과 같은 직무에세이를 작성해볼 수 있었다.

전공영역에서 금융과 은행업을 본격적으로 배우지는 못했지만 개인적으로 약 3년 간의 준비과정이 있었습니다. 문화인류학에 대한 고정관념으로 직업을 선택하고 싶지는 않았기 때문입니다. 그것보다는 기술 혁신과 경영, 인문학이 상호 작용하고 융합하는 흐름 속에서 저의 주소와 미래 비전을 설정하고자 했습니다. 제가 갖고 있는 여건 속에서 역량과 소양들을 잘 개발하면 은행의 상품 관련 직무에서 역할을 해낼 수 있겠다는 판단을 했습니다.

주위에 은행권 선배들이 많지는 않았던 터라 주로 학과 교수님들을 자주 찾아갔는데, 은행이 필요로 하는 부분에 대한 실용적 요소를 제 전공에서 찾을 수 있었습니다. 저는 신한은행이 왜 지금 '따뜻한 금융'을 얘기하는지 한참을 고민해봤습니다.

기업분석을 활용한 직무에세이 작성 사례

그것으로 브랜드 경영을 선포했던 만큼 뭔가 중요한 메시지가 담겨 있을 것이라고 생각했기 때문입니다.

그 실마리를 저는 금융이 아닌 다른 영역에서 찾았습니다. 바로 인간에 대한 이해였습니다. 인간은 이기적이라는 가정에서 경제학은 출발하지만, 현대 사회에 살고 있는 인간의 심리적 행태에 대한 학자들의 시각은 그렇지만은 않은 것 같습니다. 이타적인 행위를 통해 삶의 균형을 맞추려는 사람이 많다면 은행 상품의 개발 콘셉트에도 일정한 수정이 요구된다고 생각합니다. 1차적으로는 공익과 상호부조 형식의 상품이 주요 콘셉트이겠지만 시장을 리드하기 위해서는 위안, 공감, 동행 같은 보다 진화된 개념의 상품까지도 구체적으로 준비하고 있어야 할 것입니다. 이것이 따뜻한 금융을 실천하는 한 방법이라고 생각합니다.

이런 흐름 속에서 은행산업의 큰 축들도 빠르게 변화해가고 있는 것 같습니다. 은행에 대해 공부하면서 고객조사에 대한 새로운 접근법이 요구된다는 사실에 관심이 컸습니다. 금융위기 이후 고객들이 수익성과 안정성이라는 상반된 가치를 추구하는 '뉴노멀' 시대로 접어들게 됨에 따라 보다 섬세한 고객 세분화 작업과 고객 리서치 능력이 필요해졌다는 전문가들의 진단에서 저의 역할을 찾았습니다.

현재 은행의 경우 고객 정보의 추적과 재평가 주기가 상당히 길어 요즘과 같은 뉴노멀 환경에서 고객 니즈에 대한 적절한 재평가 노력은 곧장 은행의 경쟁력으로 직결된다고 생각합니다. 실제 뱅크오브아메리카는 에스노그래픽리서치라는 문화인류학적 조사방법을 채택하고 있다고 합니다. 그래서 참여하게 된 활동이 K대학에서 모집한 '마케팅인류학' 캠프입니다. 마케팅 조사이론은 물론 실제 매장에 가서 고객을 상대로 에스노그래픽리서치를 활용한 실습 경험도 쌓았습니다.

특히 개인적으로 고객 타깃팅 방법론에 관심이 높아 필립 코틀러의 『마케팅 원론』을 외우다시피 다독했으며, 지리적·인구통계적·심리분석적·행동적 기준 등을 활용하여 고객 타깃팅도 간단하게나마 할 수 있습니다.

한편, 통신사 인턴 활동은 마케팅에서 '가족'이라는 개념의 중요성을 이해하고 은행 상품 개발영역에 대한 시사점을 얻어보기 위한 것입니다. 저성장과 위기의 반복 등으로 가족의 소중함이 강조되고, 또한 젊은 세대, 즉 밀레니얼 세대의 경우 부모에 대한 의존도가 과거에 비해 현저히 높다는 점을 고려해보면 가족에 대한 은행권의 관심도 앞으로 계속 커질 것이라 생각합니다.

인턴 경험을 토대로 저는 은행 고객들을 대상으로 간단한 조사를 해보았습니다. 그 결과 과반수가 가족 우대 상품의 존재를 잘 몰랐습니다. 알고 있는 경우에도 혜택의 수준이 통신사에 비해 비교적 낮다는 인식을 갖고 있었습니다.

저는 이런 영역이야말로 저의 미래 비전을 펼쳐볼 수 있는 무대라 생각합니다. 그래서 관련 능력을 키우기 위해 콜센터 스크립트 교육을 이수하였습니다. 회사 콜센터 운영에 있어 핵심 요소 중 하나가 회사의 프로세스라고 할 수 있는 스크립트인데, 이것을 얼마나 효과적으로 구축해두는가에 따라 고객에 대한 정보 전달의 수준도 결정된다고 합니다. 제가 스크립트를 만드는 직무를 겨냥하고 있는 것은 아니지만 신속 정확한 정보 전달을 기대하는 고객의 마음과 심리를 이해할 수 있는 실용적인 경험이었습니다.

2개월간의 수업을 들으면서 고객관계관리의 첫 출발점은 역시 고객에 대한 정확한 이해에 있다는 점을 다시 인식하였습니다. 아직은 더 공부하고 보완해야 할 점도 많겠지만, 앞으로 신한은행이 펼쳐갈 따뜻한 금융의 역사에 꼭 한 줄을 보태고 싶습니다.

기업분석을 활용한 직무에세이 작성 사례